L'esperimento di Marco

Come puoi conoscere meglio Gesù tramite il Vangelo di Marco

Andrew Page

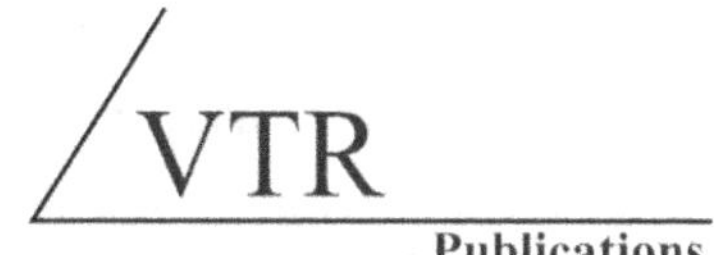

ISBN 978-3-95776-039-5

VTR Publications, Gogolstr. 33, 90475 Nürnberg, Germania
info@vtr-online.com / http://www.vtr-online.com

Titolo originale:
The Mark Experiment, 2ª edizione, 2011,
VTR Publications, ISBN 978-3-937965-21-5

Traduzione: Elisa Collela

Disegno di copertina: Chris Allcock

Indice

Per John e Ruth

Sono grato a Chris Allcock per le immagini e il design della copertina, e specialmente a Thomas Mayer, della VTR Publications, per aver avuto il coraggio di pubblicare il libro la prima volta e ora per questa edizione italiana.

Ringrazio Dio per Elisa Collela, Chris ed Elisabetta Brown e gli altri che hanno dedicato tanto del loro tempo alla traduzione e revisione del libro. Mi fa grande piacere che L'esperimento di Marco stia arrivando in Italia!

Above Bar Church, di Southampton, è la mia Chiesa di provenienza. I membri di questa mia famiglia spirituale mi hanno costantemente incoraggiato e hanno pregato per me. Sono privilegiato di far parte dell'Above Bar.

Nonostante questo libro non riguardi The Mark Drama, esso ne pone le basi. Dalla prima pubblicazione ci sono state rappresentazioni di The Mark Drama in Austria, Australia, Belgio, Cile, Francia, Georgia, Germania, Irlanda, Lettonia, Lituania, Polonia, Portogallo, Regno Unito, Spagna, Ungheria e Italia. Ringrazio tutti coloro in Italia che hanno già fatto parte di una squadra di The Mark Drama, e prego che molte altre chiese e gruppi studenteschi in Italia decidano di mettere a loro volta in scena The Mark Drama.

Molti cristiani fanno resistenza a imparare il Vangelo. Ringrazio Dio per tutti coloro che hanno avuto il coraggio di fare l'esperimento di imparare il Vangelo di Marco per conoscere meglio Gesù. Prego che a loro se ne aggiungano molti altri!

Andrew Page

www.themarkdrama.gbu.it
themarkdrama@gbu.it
www.themarkdrama.com

La mia introduzione: Invito a un esperimento

Questo libro riguarda due cose contemporaneamente.

Primo, riguarda l'imparare il Vangelo di Marco. Non penso che inizialmente Marco abbia scritto il suo libro perché fosse letto, ma piuttosto perché fosse ascoltato. D'altronde, molte persone nel primo secolo non si aspettavano di possederne una copia. Marco lo scrisse perché le persone potessero impararlo a memoria; non parola per parola, ma un paragrafo alla volta, affinché potessero arrivare a conoscere meglio Gesù e a raccontare la sua storia agli altri.

In secondo luogo questo libro serve per riscoprire Gesù, per conoscerlo meglio, per amarlo e avere gioia in lui. Se ciò è quello che vuoi, allora puoi essere certo che Gesù vuole che tu lo sperimenti ancora di più di quanto tu già faccia.

Dunque è di questo che tratta l'esperimento: studiare il Vangelo affinché possiamo conoscere meglio Gesù. Spero che tu possa sperimentarlo personalmente.

Per favore, non tralasciare di leggere il resto di questa introduzione. Non ci vorrà molto e ti aiuterà a trarre il massimo da ***L'esperimento di Marco***.

La struttura di Marco

Dopo una breve introduzione (1:1-8), Marco ha diviso la storia di Gesù in sei sezioni principali. Nel mezzo di ogni sezione, c'è un blocco di otto avvenimenti che non sono stati messi insieme a caso, ma hanno una loro logica.

Osserva, ad esempio la Sezione due, che va da Marco 3:13 a 6:6. Ecco come vedo io la struttura della sezione.

Blocco A (3:13-35)

Gesù sceglie i dodici apostoli (13-19)
Opposizione da parte della famiglia (20-21)
Opposizione da parte dei capi religiosi (22-30)
Opposizione da parte della famiglia, di nuovo (31-35)

Blocco B (4:1-5:43)

a	4:1-20	Parabola: Il seminatore
b	4:21-25	Parabola: La lampada
c	4:26-29	Parabola: Il seme che germoglia da sé
d	4:30-34	Parabola: Il granello di senape
d’	4:35-41	Miracolo: Gesù calma la tempesta
c’	5:1-20	Miracolo: Gesù scaccia Legione
b’	5:25-34	Miracolo: Gesù guarisce una donna
a’	5:21-43	Miracolo: Gesù risuscita la figlia di Iairo

Blocco C (6:1-6)

Opposizione da parte della famiglia e degli amici (1-6)

Ci sono cinque cose da notare riguardo a questa struttura:

1. Il Blocco B presenta otto avvenimenti che hanno una loro logica interna

In questo caso gli otto avvenimenti sono raggruppati in due gruppi di quattro: quattro parabole seguono quattro miracoli. Ognuna delle sei sezioni ha un Blocco B con otto avvenimenti con una loro logica.

2. Il Blocco B ha collegamenti a specchio

Lasciatemi spiegare cosa intendo. La parabola del seminatore (Avvenimento a) ha qualcosa in comune con la risurrezione della figlia di Iairo (Avvenimento a’). La parabola della lampada (Avvenimento b) ha qualcosa in comune con la guarigione di una donna (Avvenimento b’) e così via. Talvolta c’è un insegnamento dal collegamento a specchio; il collegamento aiuta sempre a ricordare meglio. Ciò è vero in tutte le sei sezioni del Vangelo.

3. Il Blocco A e il Blocco C hanno qualcosa in comune

Nella Sezione due c’è l’opposizione da parte della famiglia. Questo argomento non si trova nel Blocco B, ma è un chiaro collegamento tra il Blocco A e il Blocco C. Inoltre tutte le altre sezioni del Vangelo hanno qualcosa che collega il Blocco A al Blocco C.

4. Si può riconoscere il tema dell'intera sezione

Il tema nella Sezione due è la potenza. Nel Blocco B le quattro parabole riguardano la potenza della parola di Dio e i quattro miracoli riguardano la potenza di Gesù. Inoltre ognuna delle sei sezione ha il proprio tema.

5. La sezione può essere facilmente imparata a memoria

Ciò non vuol dire imparare a memoria ogni parola, ma semplicemente l'ordine degli avvenimenti nella sezione. La maggior parte delle persone può apprendere l'ordine degli avvenimenti di una sezione in dieci minuti, specialmente se imparano il Blocco B prima di imparare i Blocchi A e C.

Perché dovrei imparare a memoria Marco?

Buona domanda! Ma ci sono anche delle ottime risposte.

I. Perché la Bibbia è la parola di Dio la sua potenza è notevole. Spesso ce ne dimentichiamo. Nel Salmo 119:11 Davide dice a Dio: "Ho conservato la tua parola nel mio cuore per non peccare contro di te".

II. Perché Marco ha scritto il Vangelo per renderlo facile! Se leggi ***L'esperimento di Marco,*** ti renderai conto che la struttura del Vangelo lo rende facile da imparare a memoria. Sono sicuro che lo Spirito Santo ha guidato Marco a scriverlo in questo modo, perché vuole che abbiamo la sua parola nel nostro cuore.

III. Perché imparare il Vangelo a memoria, rende possibile fare studi biblici anche quando non hai in mano una Bibbia! Così, mentre sei sdraiato sul letto oppure cammini, puoi raccontare a te stesso le storie del Vangelo e iniziare a parlare con Gesù di ciò che ti ricordi.

IV. Perché i primi cristiani impararono a memoria il Vangelo. Dopo aver scoperto la struttura, ho trovato questa citazione di Clemente di Alessandria. Clemente spiega perché Marco scrisse il suo Vangelo:

"Marco, seguace di Pietro, allorché Pietro predicava pubblicamente il vangelo a Roma alla presenza di certi cavalieri di Cesare ..., *essendogli richiesto da loro che potessero avere modo di affidare alla memoria le cose di cui si parlava,* scrisse, sulla base di quanto Pietro aveva detto, il Vangelo chiamato di Marco".

Clemente di Alessandria (Adumbrationes ad 1 Peter 5:13, corsivo aggiunto)

Può sembrare strana l'idea di imparare a memoria l'ordine degli avvenimenti nel Vangelo di Marco, ma ho scritto questo libro perché ho fatto l'esperimento io stesso. E ho riscoperto Gesù!

Come usare questo libro

Questo libro non è un commentario, ma è concepito per aiutarti a studiare il Vangelo e farti conoscere meglio Gesù. Mentre guardiamo le sei sezioni principali di Marco troveremo un'introduzione chiamata *Godersi il panorama*: ciò spiegherà la logica del Blocco B e mostrerà quello che i blocchi A e C hanno in comune.

Segue la sezione *Tirar fuori il contenuto*. Qui spiego come la struttura della sezione ci aiuta a capire il significato dei singoli paragrafi.

Poi offro alcuni suggerimenti su come imparare a memoria la sezione (l'ho chiamata *Imparare a memoria il Vangelo*). La maggior parte delle persone non sono abituate a imparare a memoria, ma ne vale davvero la pena. Ricorda che non stiamo parlando di imparare ogni parola, ma piuttosto imparare l'ordine degli avvenimenti nella sezione. Come ho già detto, la maggior parte delle persone può farlo in dieci minuti.

L'ultima parte si chiama *Incontrare il Signore*. Questo ci ricorda la ragione per cui facciamo tutto ciò: vogliamo riscoprire Gesù. Man mano che tu parli al Signore di quello che stai imparando arriverai a conoscerlo meglio.

Per favore, non leggere ***L'esperimento di Marco*** troppo velocemente! Potrebbe volerci una settimana per ciascuna delle sei sezioni. Avrai così modo di impararle per bene. Inizierai a sperimentare l'opera del Signore nella tua vita, tramite la sua parola. Se decidessi di leggere tutto in pochi giorni, per favore, ritorna al testo e applicati per studiare di persona il Vangelo. Credo che sia questo ciò che fecero i primi cristiani e che Marco aveva in mente quando si accinse a scrivere.

Grazie per aver letto la mia introduzione. Ora è arrivato il momento di leggere quella di Marco.

La mia preghiera è che chiunque leggerà questo libro gusterà il Vangelo di Marco e gioirà nell'incontrare Gesù. L'esperimento di Marco inizia ora…

Introduzione di Marco (Marco 1:1-8)

L'introduzione di Marco al suo Vangelo è breve perché è ansioso di arrivare alla storia. Nel versetto 9 Gesù entra in scena per la prima volta; non è un bambino, ma un adulto. Ecco perché non sono nominati né Maria né Giuseppe, né si narra la sua nascita. Nonostante ciò i primi otto versetti ci preparano all'arrivo del personaggio principale di Marco.

Godersi il panorama

a Marco testimonia di Gesù (1)
b I profeti dell'Antico Testamento testimoniano di Gesù (2-3)
c Il battesimo di Giovanni suscita un grande interesse (4-5)
b' Giovanni è come un profeta dell'Antico Testamento (6)
a' Giovanni testimonia di Gesù (7-8)

Sembra che Marco inizi il suo Vangelo con un esempio di collegamento a specchio, che rende l'introduzione facile da ricordare. Lo scopo principale di questi versetti è di presentarci Gesù prima che lui entri in scena.

Sarebbe consigliabile leggere l'introduzione due o tre volte, per capire ciò che Marco e altri dicono riguardo a Gesù. Per favore fai una pausa per adorare, prima di esaminare in dettaglio i versetti. questo libro non dispensa solo informazioni, ma vuole aiutarti a riscoprire Gesù e giungere a conoscerlo meglio. Ecco in cosa consiste l'esperimento.

Tirar fuori il contenuto

a – Marco testimonia di Gesù (1:1)

Il primo versetto potrebbe essere il titolo dell'intero libro, ma ci suggerisce anche qual sia il verdetto su Gesù a cui Marco vuole che arriviamo alla fine del Vangelo: Gesù è il Cristo, il Messia che Dio aveva promesso nell'Antico Testamento. Israele aveva aspettato per secoli questo salvatore umano; ora Marco vuole che sappiamo che è arrivato.

Il Messia che Marco vuole presentarci, però, è più che un essere umano: è il "Figlio di Dio" (1). Nonostante questa frase non sia presente in tutti i manoscritti, è quasi certamente ciò che Marco scrisse. Nel finale della Sezione tre, a metà del Vangelo, Gesù sarà riconosciuto come il Messia (vedi 8:29); nella Sezione sei, verso la fine del Vangelo, sarà riconosciuto come il Figlio di Dio (vedi 15:39).

E questo, afferma Marco, è il "vangelo", la buona notizia. Riconoscere chi è Gesù e qual è il motivo della sua venuta è la cosa migliore che possa accadere a chiunque.

b – I profeti dell'Antico Testamento testimoniano di Gesù (1:2-3)

"Secondo quanto è scritto nel profeta Isaia", dice Marco, nonostante non citi Isaia fino al versetto 3; in altre parole, la citazione di Malachia 3:1 nel versetto 2 è semplicemente un'introduzione alla testimonianza di Isaia su Gesù.

A questo punto non conosciamo il nome del messaggero che prepara la via, ma Isaia ci dice per chi è preparata: "Preparate la via del Signore" (3). Il messaggio è chiaro: chi sta venendo non è altro che Dio stesso.

c – Il battesimo di Giovanni suscita un grande interesse (1:4-5)

Ora Marco ci dice che il messaggero è Giovanni. Egli prepara la via per la venuta di Dio; predica il ravvedimento e offre un'opportunità concreta di mostrarlo pubblicamente nel battesimo. Ravvedimento vuol dire cambiare idea e decidere di vivere diversamente da quel momento in poi; il versetto 4 ci dice che esso rende possibile il perdono.

Il messaggio di Giovanni e il suo battesimo, provocano una risposta del tutto inaspettata: "E tutto il paese della Giudea e tutti quelli di Gerusalemme accorrevano a lui" (5). Chiaramente questa è un'esagerazione, eppure è palese che Giovanni suscita un notevole interesse. Sicuramente una ragione era che battezzava i Giudei, cosa mai sentita prima. I Giudei avevano bisogno di ravvedersi, diceva Giovanni e sembra che molti erano pronti a farlo.

b' – Giovanni è come un profeta dell'Antico Testamento (1:6)

La descrizione di Giovanni fatta da Marco dovrebbe richiamare alla mente Elia, che andava "vestito di pelo, con una cintura di cuoio intorno ai fianchi" (2 Re 1:8). Infatti in Zaccaria 13:4 leggiamo che un vestito di pelo era più o meno l'uniforme di un profeta. Quindi questa descrizione di Giovanni e il collegamento a specchio, ci dicono che Giovanni è uno dei profeti dell'Antico Testamento che prepara la via per la venuta del Messia.

a' – Giovanni testimonia di Gesù (1:7-8)

Giovanni chiarisce la sua posizione di inferiorità rispetto a colui per il quale prepara la via: lui non è nemmeno degno di essere uno schiavo, o un servo, e sciogliergli il legaccio dei calzari (7).

Ma la cosa più sorprendente del messaggio di Giovanni è che colui che verrà "vi battezzerà con lo Spirito Santo" (8). Questo è straordinario, in quanto nell'Antico Testamento soltanto Dio stesso poteva versare il suo Spirito Santo sulle persone. Con queste parole Giovanni dice, inoltre, che colui al quale sta preparando la via introdurrà il nuovo patto. Tutti i Giudei del primo secolo sapevano che Dio aveva promesso un nuovo patto (vedi Geremia 31:31-34) e che questo significava il perdono (vedi Ezechiele 36:25-27) e la venuta dello Spirito Santo sulle persone (vedi Gioele 2:28-32). Giovanni sta dicendo che il momento è arrivato. Il collegamento a specchio con il versetto 1 ci rivela il nome di colui che inaugurerà il nuovo patto: Gesù, il Messia, il Figlio di Dio (1).

Con la sua introduzione Marco intende farci appassionare di questo Gesù.

Imparare a memoria il Vangelo

Il collegamento a specchio in questi versetti rende più facile imparare l'introduzione. Non cercare di imparare tutti i dettagli, impara soltanto i titoli.

Incontrare il Signore

Mentre ripassi, nella tua mente, l'introduzione di Marco, fai una pausa per adorare Gesù, per chi lui è e per ciò che è venuto a compiere. Lui vuole che tu lo conosca meglio e che lo ami di più; chiedigli di usare il Vangelo di Marco per compiere ciò nella tua vita.

Come aiutare la tua memoria

1. **Impara visivamente:** ricorda dove si trovano gli avvenimenti nella pagina della tua Bibbia.
2. **Impara tramite l'udito:** impara ad alta voce.
3. **Impara praticamente:** un po' al giorno.
4. **Impara con gioia:** usa questo esperimento per aiutarti a pregare e ad adorare.

Sezione uno:
Il messaggio (Marco 1:9-3:12)

Marco ha già detto di volerci trasmettere il "vangelo di Gesù Cristo Figlio di Dio" (1:1). L'identità di Gesù è il centro del messaggio. Ora Marco ci riporta la prima frase pronunciata da Gesù nel suo ministero pubblico: "Il tempo è compiuto e il regno di Dio è vicino" (1:15). La prima sezione tratta proprio di questo. È il messaggio che tutti hanno bisogno di ascoltare ed è il messaggio che Gesù è venuto a portare.

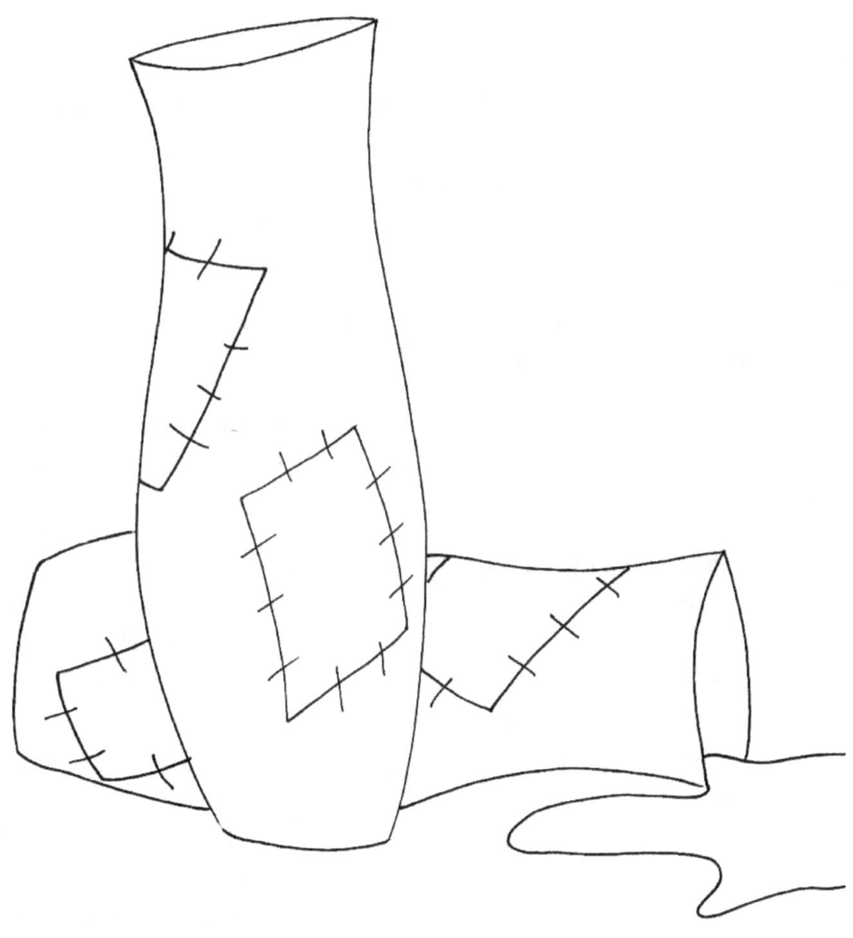

Nessuno mette vino nuovo in otri vecchi, altrimenti il vino fa scoppiare gli otri, e il vino si perde insieme con gli otri; ma il vino nuovo va messo in otri nuovi. (Marco 2:22)

Godersi il panorama

Blocco A (1:9-20)

Battesimo e tentazione di Gesù (9-13)
Gesù predica la buona notizia (14-15)
Gesù chiama i primi discepoli (16-20)

Blocco B (1:21-2:28)

a	1:21-28	Gesù scaccia un demonio
b	1:29-34	Gesù guarisce la suocera di Pietro e altri
c	1:35-39	Gesù annuncia che è venuto soprattutto per predicare
d	1:40-45	Gesù guarisce un lebbroso
d'	2:1-12	Gesù guarisce un paralitico
c'	2:13-17	Gesù chiama Levi e mangia con i peccatori
b'	2:18-22	Gesù annuncia una rottura radicale con il giudaismo
a'	2:23-28	Gesù, Signore del sabato

Blocco C (3:1-12)

Gesù provoca opposizione guarendo di sabato (1-6)
Gesù cresce in popolarità (7-12)

Marco ha organizzato questa sezione, come tutte le altre, attorno a un blocco di otto avvenimenti (Blocco B). I primi quattro mostrano Gesù padrone della situazione, che libera le persone dal maligno e dalla malattia ed è impegnato a insegnare alle moltitudini. Nel capitolo 2, tuttavia, il clima cambia bruscamente: di colpo i capi dei Giudei sono ovunque, criticano e biasimano Gesù, perché chiaramente si sentono minacciati dalla nuova competizione. Così la prima metà del Blocco B ci descrive l'autorità di Gesù che non incontra l'opposizione umana, ma nella seconda metà, Gesù entra in conflitto con i capi di Israele.

I Blocchi A e C hanno, come nelle altre sezioni del Vangelo, qualcosa in comune. Il messaggio, qui, è che Gesù è il Figlio di Dio. Nel Blocco A il Padre lo proclama al battesimo di Gesù (1:11), ma nel Blocco C, Gesù non permette agli spiriti immondi di rivelare la sua identità (3:11). Con questi cartelli indicatori Marco raggiunge due obiettivi: mette in chiaro l'inizio e la fine della Sezione uno e conferma che questo è il messaggio centrale del Vangelo (cfr. 1:1).

Sarebbe opportuno leggere tutto il testo di Marco 1:9-3:12 prima di andare avanti in questa lettura. Fermati per adorare Gesù durante la lettura.

Tirar fuori il contenuto

Blocco A (1:9-20)

Battesimo e tentazione di Gesù (1:9-13)

Nel versetto 9 Gesù compare nel Vangelo per la prima volta, non come un autorevole maestro e guaritore, ma come un uomo che si sottomette al battesimo di Giovanni. Per Marco l'elemento determinante è la voce dal cielo: "Tu sei il mio diletto Figlio; in te mi sono compiaciuto" (11).

Queste parole di Dio si possono comprendere meglio se si collegano con le altre che Dio aveva già pronunciate nell'Antico Testamento. All'inizio del primo cantico del servo, Isaia ci fa sentire l'entusiasta presentazione di Dio al servo, con le parole "Ecco il mio servo, io lo sosterrò; il mio eletto di cui mi compiaccio" (Isaia 42:1a). Tuttavia al fiume Giordano Dio dichiara "Tu sei mio Figlio", che fa da eco al Salmo 2 (versetto 7), ritenuto dai Giudei del primo secolo un salmo messianico. Potrebbe esserci anche un'allusione qui, alle istruzioni che Dio dette ad Abraamo quando gli chiese di sacrificare suo figlio: "Prendi ora tuo figlio, il tuo unico, *colui che ami [...]*" (Genesi 22:2).

Perciò i lettori di Marco, che conoscono il loro Antico Testamento, riconosceranno in questo primo paragrafo della Sezione uno il messaggio che Gesù, battezzato da Giovanni il battista, è il Figlio di Dio, il Messia promesso secoli prima (Salmo 2); è il servo sofferente (Isaia 42), che suo Padre sacrificherà (Genesi 22).

Il battesimo di Gesù ha un grande impatto all'inizio della Sezione uno. Marco sicuramente vuole che vediamo qui le tre persone della trinità: il Figlio nel versetto 9, lo Spirito nel versetto 10 e il Padre nel versetto 11. Il messaggio è chiaro: Dio stesso interviene drammaticamente nella storia dell'umanità.

Marco dedica soltanto due versetti ai quaranta giorni della tentazione nel deserto (12-13), in contrasto con i racconti molto più dettagliati di Matteo e Luca. Omette persino di dire che Gesù trionfò su Satana, probabilmente perché lo ritiene ovvio. Di maggior significato è l'allusione ai quaranta giorni. Forse Marco vuole ricordarci i quarant'anni d'Israele nel deserto; conclude affermando che Gesù è il nuovo Israele, il Figlio di Dio, che viene a inaugurare un nuovo popolo di Dio (vedi i commenti a 3:13-19).

Gesù predica la buona notizia (1:14-15)

La buona notizia è che "il regno di Dio è vicino" (15). Con la venuta di Gesù il regno di Dio è presente, non nella sua definitiva maestà, ma nell'umile realtà degli individui che riconoscono Dio come loro re. La buona notizia è che è possibile conoscere Dio. La condizione per entrare nel regno è il ravvedimento e la fede (15b), che capiremo meglio quando giungeremo alla fine del Vangelo.

Marco, quasi certamente ha in mente Isaia 52:7 quando scrive questi versetti: "Quanto sono belli, sui monti, i piedi del messaggero di buone notizie, che annuncia la pace, che è araldo di notizie liete, che annuncia la salvezza, che dice a Sion: 'Il tuo Dio regna!'". Gesù porta ora la buona notizia del regno di Dio.

Gesù chiama i primi discepoli (1:16-20)

Chiaramente è Gesù che prende l'iniziativa. Simone, Andrea, Giacomo e Giovanni forse, a questo punto, avevano contatto con Gesù da circa un anno. Ma oggi è il giorno della decisione. La chiamata a seguirlo ("Seguitemi") è collegata alla promessa di equipaggiare i suoi nuovi discepoli per il compito che hanno davanti ("Io farò di voi dei pescatori di uomini", 17). La chiamata di Gesù, e la risposta dei pescatori, chiarisce che l'impegno verso Gesù deve aver priorità su tutte le altre cose, famiglia, possedimenti e occupazione inclusi (18, 20).

Costoro sono i primi quattro che Gesù ha chiamato nel regno. E loro hanno risposto seguendolo. Quali altre risposte sarebbero state possibili, vista l'identità di Gesù (9-11)? Nel Blocco A Marco ci ha trasmesso il messaggio su chi è Gesù, sull'arrivo del regno e sulle sue conseguenze per la nostra vita. Questa è una buona notizia anche per noi.

Blocco B (1:21-2:28)

Quattro avvenimenti che non incontrano opposizione umana (1:21-45)

a – Gesù scaccia un demonio (1:21-28)

Gesù compie questo primo miracolo di sabato. Tuttavia Marco vuole farci sapere che Gesù inizia insegnando (21, cfr. 38), e il facile esorcismo che segue è reso necessario dall'interruzione da parte delle forze del male. Esse, Marco vuole che lo sappiamo, riconoscono immediatamente chi è Gesù: "il Santo di Dio" (24), forse un appellativo per il Messia. Troveremo spesso questo tema: la gente forse non sa chi sia Gesù, ma i demoni non hanno questa difficoltà (34b). Faranno di tutto per evitare che il messaggio di Dio sia predicato.

Quello che la gente vede chiaramente nella sinagoga di Capernaum è l'autorità di Gesù, sia nell'insegnamento sia nell'esorcismo. Per la prima volta nel Vangelo, Marco racconta che la risposta della gente all'operato di Gesù è di stupore (22, 27-28).

b – Gesù guarisce la suocera di Pietro e altri (1:29-34)

Il commento di Marco "essi subito gliene parlarono" (30) forse è volto a incoraggiarci a parlare con Gesù delle nostre preoccupazioni e apprensioni. Gli eventi dopo il tramonto ci mostrano chiaramente che non c'è malattia o malvagità che non sia sottoposta all'autorità di Gesù (32-34). Marco esagera ("tutti i malati e gli indemoniati" 32; "tutta la città era radunata alla porta" 33) per presentare un quadro del bisogno e della disperazione umana che trovano risposta in Gesù.

Nel versetto 25, nella sinagoga, Gesù aveva vietato allo spirito immondo di rivelare la sua identità; ora ripete il divieto ai "molti demòni" che aveva scacciato (34b). La ragione più plausibile per il divieto è che i Giudei aspettavano un Messia politico che avrebbe scacciato i Romani da Israele per sempre. Questa aspettativa avrebbe reso molto difficile per Gesù portare avanti il suo ministero, secondo la sua volontà. L'avvenimento che segue mostra che questo è già un problema.

c – Gesù annuncia che è venuto soprattutto per predicare (1:35-39)

Questo breve paragrafo evidenzia che Gesù non vuole essere manipolato. Simon Pietro interrompe la preghiera di Gesù con la frase: "Tutti ti cercano". Sembra che Pietro voglia riportare Gesù di nuovo a Capernaum, scenario delle guarigioni e degli esorcismi della sera precedente. Gesù sa, tuttavia, che quel reclamare miracoli non gli consentirebbe di annunciare il regno, e quindi decide di andare altrove (38-39). La cosa più importante è il messaggio.

Il collegamento a specchio con l'Avvenimento c' (2:13-17) ci fa comprendere che Marco desidera che ci concentriamo sullo scopo della venuta di Gesù. In 1:38 è la predicazione, mentre in 2:17 è chiamare i peccatori. Non sono due obiettivi distinti, ma uno solo: nelle sue predicazioni Gesù chiama i peccatori a ravvedersi e a credere (cfr. 1:15). Ecco il messaggio del regno di Dio.

d – Gesù guarisce un lebbroso (1:40-45)

Non sappiamo esattamente quale tipo di malattia affliggesse l'uomo del versetto 40, ma questa gli impediva di avere qualsiasi tipo di contatto umano. In ogni caso quest'uomo ha la certezza che la reputazione di Gesù di avere autorità sulle malattie è reale: "Se vuoi tu puoi purificarmi" (40). Prima di rispondere, Gesù stende la mano e lo tocca (41). Per chiunque altro, toccare l'uomo sarebbe stato un atto di stupidità, ma per Gesù questo è un atto di compassione (41). "Subito" dice Marco, "la lebbra sparì da lui, e fu purificato" (42). Gesù contagia più della malattia!

Il collegamento a specchio con l'avvenimento successivo (d', 2:1-12) ci fa notare la sottomissione di Gesù ai capi dei Giudei nel versetto 1:44; questo contrasta l'antagonismo dei capi dei Giudei verso di lui nel versetto 2:7. Ma il lebbroso guarito, al quale Gesù aveva comandato di non dire nulla a nessuno sull'accaduto, eccetto che al sacerdote, disubbidisce. Questa disubbidienza rende più difficile per Gesù la predicazione del suo messaggio (45).

I primi quattro avvenimenti del Blocco B ci hanno fatto vedere Gesù che dimostra la sua autorità e la sua compassione. Egli non incontra l'opposizione della gente, infatti la sua popolarità è in costante crescita. Il contrasto nel capitolo 2 non potrebbe essere maggiore.

Quattro avvenimenti che incontrano opposizione umana (2:1-28)

d' – Gesù guarisce un paralitico (2:1-12)

A Marco piace raccontare questa storia. È facile immaginare le folle che ascoltano l'insegnamento di Gesù, l'interruzione causata dall'apertura del tetto e la discesa del paralitico. La determinazione degli amici dell'uomo paralitico di portarlo da Gesù, nonostante gli ostacoli, forse vuole ricordarci la preghiera (cfr. 1:30); certamente Gesù qui agisce in risposta alla "*loro* fede" (5).

Ma la sorpresa è che Gesù vede un bisogno ancora più impellente della guarigione. Dice all'uomo "Figliolo, i tuoi peccati ti sono perdonati" (5). Gesù non vuole necessariamente dire che, in questo caso, la paralisi dell'uomo era dovuta a un peccato specifico; più probabilmente vuol dire che il nostro più grande bisogno è sempre il perdono. Il perdono fa parte del suo messaggio.

A questo punto incontriamo, per la prima volta nel Vangelo, l'opposizione dei capi dei Giudei. Qui sono i dottori della legge, i teologi dell'epoca, che decidono che Gesù bestemmia: affermando di perdonare i peccati, sta facendo quello che soltanto Dio può fare (6).

La risposta alla domanda di Gesù nel versetto 9 indica chiaramente che è più facile *dire* "i tuoi peccati sono perdonati" anziché "alzati, prendi il tuo lettuccio e cammina" perché la prima non richiede una prova visibile. Ma ora Gesù dirà la frase più difficile e guarirà il paralitico fisicamente e visibilmente, provando quindi che aveva anche perdonato i suoi peccati. Questo doppio miracolo, perdono dei peccati e guarigione della malattia, lascia stupiti i presenti (12; cfr. 1:22, 27).

Quando parla della sua autorità di perdonare i peccati, Gesù si definisce il Figlio dell'Uomo (10). Questa espressione ambigua può essere a volte usata per far riferimento a se stessi (vedi ad esempio 8:27 e il suo parallelo in Matteo 16:13); ma sulle labbra di Gesù, spesso suona come la dichiarazione di essere lui stesso il glorioso 'figlio dell'uomo' di cui parla Daniele 7:13-14, colui che tutte le nazioni un giorno loderanno e il cui regno (cfr. 1:15) non avrà mai fine. Qui però c'è abbastanza ambiguità così che la folla, per lo meno, non capisce il riferimento alla profezia di Daniele.

Questo avvenimento è importante perché perdonando i peccati, Gesù dimostra di essere Dio. Inevitabilmente questo scatena un grande conflitto con le autorità giudaiche, conflitto che continuerà per tutto il resto della Sezione uno.

c' – Gesù chiama Levi e mangia con i peccatori (2:13-17)

Marco inizia questo paragrafo ricordandoci, di nuovo, che Gesù è impegnato a insegnare (13). Ora ci racconta la chiamata di un altro discepolo (cfr. 1:16-20). Però costui non è un onesto pescatore, ma un esattore delle tasse che collabora con i dominatori romani e che imbroglia il suo stesso popolo. Non sappiamo quanto Levi sapesse di Gesù, ma evidentemente ne sapeva abbastanza da decidere di lasciare tutto e seguirlo (14).

Ma il significato di questo avvenimento, per Marco, è la reazione di alcuni capi dei Giudei alla festa in casa di Levi, presumibilmente per celebrare la sua nuova vita e presentare il suo nuovo amico. Gli dottori della legge sono di nuovo qui, e questa volta si scandalizzano vedendo Gesù mangiare con i pubblicani e i "peccatori" (che potrebbe essere un eufemismo per indicare le prostitute). Nel primo secolo mangiare insieme ad altre persone dimostrava amore e accettazione; nell'opinione degli dottori della legge questo è un comportamento vergognoso da parte di Gesù.

Il collegamento a specchio con l'Avvenimento c (1:35-39) rende chiaro che il significato di questo paragrafo sulla chiamata di Levi è la risposta di Gesù alla critica: "Non sono i sani che hanno bisogno del medico, ma i malati. Io non sono venuto a chiamare dei giusti, ma dei peccatori" (17). In entrambi gli avvenimenti Gesù dice che è 'venuto'. Probabilmente si riferisce alla sua venuta in questo mondo. Nondimeno Marco vuole farci vedere che Gesù ci sta rivelando il *perché* della sua venuta (1:38; 2:17): predicare il suo messaggio e chiamare i peccatori (cfr. i commentari su 1:35-39). Ecco in che cosa consiste il regno di Dio.

b' – Gesù annuncia una rottura radicale con il giudaismo (2:18-22)

Ora il conflitto con i capi dei Giudei si intensifica anche se Marco non riporta con precisione chi è che domanda a Gesù e ai suoi discepoli perché non digiunano due volte la settimana, come dettava la tradizione giudaica.

Per rispondere, Gesù utilizza tre figure. La prima è un matrimonio (19-20): mentre lo sposo è presente, gli amici dello sposo difficilmente digiuneranno! La seconda figura è una stoffa (21): non si aggiusta un vestito vecchio con un pezzo di stoffa nuovo. La terza figura è il vino e gli otri (22): vino nuovo e otri vecchi sono una combinazione disastrosa.

Gesù sembra parlare di sé come lo sposo del versetto 19 (nonostante la sposa sia stranamente assente dalla scena). Nell'Antico Testamento Dio stesso è lo sposo, mai il Messia; qui, però, Gesù si lancia nel ruolo senza pensarci due volte. È significativo, inoltre, che lo sposo sarà "tolto" (20), un'espressione quasi violenta che potrebbe essere un'allusione al quarto cantico del servo in Isaia 53: "Dopo l'arresto e la condanna fu tolto di mezzo" (Isaia 53:8).

I commenti di Gesù sul vino nuovo e gli otri vecchi sono estremamente provocatori. Ignorando che il vino vecchio è di solito migliore di quello nuovo, Gesù qui descrive se stesso come il vino nuovo e i capi dei Giudei come gli otri vecchi. Sarebbe anche possibile dare alla prima metà del Blocco B il titolo "vino nuovo" (1:21-45) e chiamare la seconda metà "otri vecchi" (2:1-28), dato che i rappresentanti del giudaismo tradizionale mettono in chiaro che non accetteranno Gesù, né gli daranno il benvenuto.

Qui Gesù predice una rottura radicale col giudaismo. Questo è un tema che inizia nella Sezione uno e cresce di importanza nelle Sezioni due, tre e cinque del Vangelo. Potremmo dire semplicemente che Gesù e la religione non vanno bene insieme. Dobbiamo scegliere. Ma prima c'è un altro avvenimento nel Blocco B a cui bisogna prestare attenzione.

a' – Gesù, Signore del sabato (2:23-28)

Marco conclude il Blocco B come l'aveva iniziato: con un avvenimento di sabato (vedi 1:21-28). Tuttavia, il contrasto fra le due storie è scioccante. Nella prima, le autorità giudaiche non ci sono; nella seconda i farisei criticano i discepoli di Gesù perché non osservano la legge sul sabato. Molte cose sono accadute durante il Blocco B.

In realtà, certamente, i discepoli stanno infrangendo solo un'interpretazione tradizionalmente giudaica della legge dell'Antico Testamento sul sabato. Gesù tornerà sull'argomento della cosiddetta 'tradizione degli antichi' nella Sezione tre (vedi 7:1-13); qui lui insegna con autorità dalla storia di Davide (come in 1:22, un altro collegamento con l'Avvenimento a).

L'affermazione più audace di Gesù è nel versetto 28 quando dice che "il Figlio dell'uomo è Signore anche del sabato". Questo è un attacco diretto all'autorità dei capi dei Giudei: per loro la legge del sabato era la più importante perché era possibile accertarsi che la gente la ubbidisse. Gesù colpisce le radici del Giudaismo tradizionale del primo secolo.

Siamo arrivati alla fine del Blocco B. Forse l'ottavo avvenimento potrebbe essere una duplicazione (2:23-3:6), perché entrambi accadono di sabato. Eppure credo che, a conti fatti, il culmine scioccante che vedremo in 3:6, faccia vedere più facilmente 3:1-6 come parte del Blocco C.

Col Blocco B siamo già andati abbastanza lontano. Marco ha strutturato la sua storia con molta cura, in modo da rendere chiaro ciò che vuole evidenziare in ciascun avvenimento, mentre l'enorme opposizione dei capi dei Giudei negli Avvenimenti d', c', b', e a' contrasta con l'approvazione universale che accoglie l'insegnamento e i miracoli di Gesù negli Avvenimenti a, b, c, d. Il conflitto porterà allo scontro.

Blocco C (3:1-12)

Gesù provoca opposizione guarendo di sabato (3:1-6)

Marco non ci dice quanto tempo passa tra questo avvenimento e quello che racconta alla fine del Blocco B. Ci dipinge una scena drammatica, con i farisei (la cui identità si scoprirà solo nel versetto 6) che osservano Gesù da vicino: guarire durante il sabato l'uomo dalla mano paralizzata equivarrebbe a rompere la loro interpretazione della legge. Tra l'altro, è interessante che non sembrano dubitare della capacità di Gesù di guarire.

Gesù chiede all'uomo di alzarsi davanti a tutti – non farà questo miracolo in un angolino. Quando i farisei si rifiutano di rispondere alla sua domanda del versetto 4, Marco riporta che Gesù "guardatili tutt'intorno con indignazione, rattristato per la durezza del loro cuore, disse all'uomo: 'Stendi la mano!'" (5). La collera di Gesù e il suo dispiacere sfociano in una dimostrazione di potenza, dimostrata dall'istantanea e completa guarigione dell'uomo.

Tuttavia Marco non ci ha raccontato questa storia per il piacere di farlo, ma per ciò che accade nel versetto 6: "I farisei, usciti, tennero subito consiglio con gli erodiani contro di lui, per farlo morire". Gli erodiani erano un gruppo politico che non aveva niente in comune con i farisei, eccetto il desiderio di disfarsi di Gesù. La Sezione uno delle sei del Vangelo non è ancora finita, ma la decisione di uccidere Gesù è già stata presa. La bravura di Marco nel raccontare la storia ci spinge a continuare la lettura.

Gesù cresce in popolarità (3:7-12)

Gesù è a conoscenza del complotto contro di lui (vedi Matteo 12:15), così si ritira. Eppure la folla lo trova subito (7-8). Due elementi importanti in questo paragrafo riassuntivo meritano di essere notati. In primo luogo, Gesù decide di predicare da una barca sul lago (9-10), in modo che la costante domanda di guarigioni non impedisca alla folla di ascoltare il suo messaggio. Marco ci vuole ricordare 1:38 e ci prepara sapientemente per l'inizio della Sezione due, Blocco B (vedi 4:1).

In secondo luogo Marco ci ricorda che gli spiriti immondi riconoscono Gesù come il Figlio di Dio (11). Gesù non permette loro di diffondere la notizia (12) come in 1:34. Ma Marco ha già lasciato che noi, i suoi lettori, carpissimo il segreto: nel Blocco C gli spiriti immondi chiamano Gesù il Figlio di Dio; nel Blocco A, al battesimo di Gesù, arriva una voce dal cielo: "Tu sei il mio diletto Figlio; in te mi sono compiaciuto" (1:11).

Marco vuole che giungiamo alla stessa conclusione su Gesù.

Imparare a memoria il Vangelo

La struttura della Sezione uno la rende molto facile da imparare. Non è molto importante imparare a memoria la numerazione dei versetti; è meglio invece focalizzare l'attenzione sui titoli di ogni paragrafo. Il punto più semplice dal quale iniziare è il Blocco B. Ricorda che quattro avvenimenti che non incontrano opposizione umana, sono seguiti da quattro avvenimenti che incontrano una grande opposizione.

Quando hai chiaro in mente l'ordine del Blocco B, dovrebbe diventare più semplice ricordare i Blocchi A e C: sono entrambi brevi. Ti sarà di aiuto ricordare che ciò che il Blocco A e il Blocco C hanno in comune è l'espressione 'Figlio di Dio' (1:11 e 3:11).

Mentre impari questa prima sezione del Vangelo di Marco, stai facendo ciò che i primi cristiani fecero nel primo secolo.

Il messaggio

A

Battesimo e tentazione di Gesù 3
Gesù predica la buona notizia
Gesù chiama i primi discepoli

B

a Gesù scaccia un demonio 1
b Gesù guarisce la suocera di Pietro e altri
c Gesù annuncia che è venuto soprattutto per predicare
d Gesù guarisce un lebbroso

d' Gesù guarisce un paralitico 2
c' Gesù chiama Levi e mangia con i peccatori
b' Gesù annuncia una rottura radicale con il giudaismo
a' Gesù, Signore del sabato

C

Gesù provoca opposizione guarendo di sabato 4
Gesù cresce in popolarità

A+C:	Chi è Gesù? – Figlio di Dio (1:11 / 3:11)
Logica B:	Quattro avvenimenti che non incontrano opposizione umana Quattro avvenimenti che incontrano opposizione umana

Incontrare il Signore

Una volta chiarito l'ordine degli avvenimenti, potrai iniziare a permettere allo Spirito Santo di usare la storia di Gesù nella tua vita. Mentre racconti a te stesso gli avvenimenti della sezione, sii pronto per iniziare a pregare. Ringrazia Gesù che il messaggio del regno di Dio riguarda il dono del suo perdono (2:5) e il suo amore per i peccatori (2:17). Ricorda che Gesù è il Figlio di Dio. La mia preghiera è che inizierai ad adorarlo, ricordandoti di questo messaggio. Tu incontrerai il Signore.

E mentre ti racconterai di nuovo Marco, riscoprirai Gesù.

Sezione due:
La potenza (Marco 3:13-6:6)

Il messaggio della Sezione uno è che, con la venuta di Gesù, Dio interviene drammaticamente nella storia umana. Il Figlio di Dio mostra la sua autorità e continua, nonostante l'opposizione, a raggiungere amorevolmente uomini e donne che soffrono. Ora, nella Sezione due, Marco spiega come questo sia possibile: da dove viene la potenza che cambia la vita?

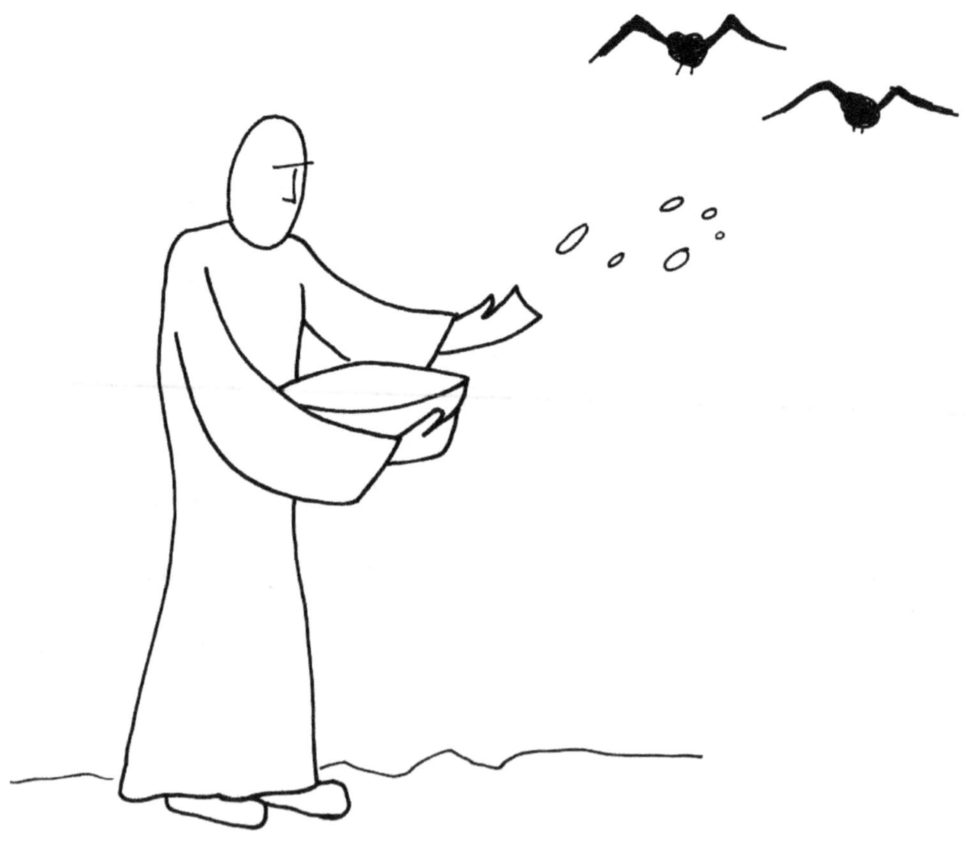

Il seminatore semina la parola. (Marco 4:14)

Godersi il panorama

Blocco A (3:13-35)

Gesù sceglie i dodici apostoli (13-19)
Opposizione da parte della famiglia (20-21)
Opposizione da parte dei capi religiosi (22-30)
Opposizione da parte della famiglia, di nuovo (31-35)

Blocco B (4:1-5:43)

a	4:1-20	Parabola: Il seminatore
b	4:21-25	Parabola: La lampada
c	4:26-29	Parabola: Il seme che germoglia da sè
d	4:30-34	Parabola: Il granello di senape
d'	4:35-41	Miracolo: Gesù calma la tempesta
c'	5:1-20	Miracolo: Gesù scaccia Legione
b'	5:25-34	Miracolo: Gesù guarisce una donna
a'	5:21-43	Miracolo: Gesù risuscita la figlia di Iairo

Blocco C (6:1-6)

Opposizione da parte della famiglia e degli amici (1-6)

Ancora una volta il Blocco B ha otto elementi e, ancora una volta, può essere diviso in due gruppi di quattro. Il primo quartetto è composto da quattro parabole raccontate da Gesù, il secondo quartetto è composto dai quattro miracoli compiuti da Gesù; è nuovamente evidente che Marco ha strutturato molto attentamente la sezione.

Quello che il Blocco A e il Blocco C hanno in comune è il tema dell'opposizione. Nel Blocco A la famiglia di Gesù vuole portarlo a casa con la forza perché è "fuori di sé" (3:20-21). Nel Blocco C Gesù insegna nella sua città natale, Nazaret, e la sua famiglia rifiuta il suo messaggio. E Gesù dice: "Nessun profeta è disprezzato se non nella sua patria, fra i suoi parenti e in casa sua" (6:4). Questi due episodi segnano l'inizio e la fine della Sezione due.

Un altro tema comune a entrambi i blocchi è quello della potenza. Nel Blocco A, i dottori della legge accusano Gesù di compiere esorcismi per mezzo della potenza di Satana (3:22), mentre nel Blocco C Marco ci dice che Gesù" non vi poté fare alcuna opera potente, ad eccezione di pochi malati a cui impose le mani e li guarì" (6:5).

Il Blocco B risponderà alla domanda sulla provenienza della potenza che può cambiare la vita delle persone e condurle nel regno di Dio. Le quattro parabole ci insegnano che la potenza è nella parola di Dio, mentre i quattro miracoli ci insegnano che la potenza è nella persona di Gesù stesso.

Prima di guardare un po' più da vicino il testo, vale la pena ricordare che la Sezione due contiene i primi esempi di un cosiddetto 'panino di Marco'. A Marco piace iniziare una storia, o scegliere un tema, per poi interromperlo con qualcos'altro, prima di riprenderlo nuovamente. Ciò, in qualche modo, interrompe il ritmo della narrazione e crea tensione, ma ne facilita l'apprendimento. Qui troviamo i due esempi in 3:20-35 e capitolo 5:21-43.

Questa potrebbe essere una buona occasione per leggere da 3:13 fino a 6:6, per avere un'idea della struttura. Tra la lettura e l'adorazione il passo è breve.

Tirar fuori il contenuto

Blocco A (3:13-35)

Gesù sceglie i dodici apostoli (3:13-19)

Quasi all'inizio della Sezione uno, Gesù chiamò i suoi primi discepoli (1:16-20), e ora, all'inizio della Sezione due, ne sceglie dodici tra quelli che già lo seguivano. Dovranno trascorrere del tempo con lui (14), per poi essere inviati ad adempiere due compiti principali: predicare e scacciare i demoni (14-15). Ancora una volta questa è un'iniziativa di Gesù.

Quel che è molto significativo è il numero degli apostoli. Sembra particolarmente provocatorio da parte di Gesù sceglierne dodici. Ha già segnalato una rottura radicale con la tradizione giudaica del primo secolo (vedi 2:18-22), e alcuni dei capi dei Giudei hanno già deciso che devono disfarsi di lui (3:6). All'inizio del suo ministero Gesù aveva trascorso 40 giorni nel deserto (1:13), il che può essere un'allusione ai 40 anni di Israele nel deserto. E ora Gesù sceglie proprio dodici apostoli. Sono per sostituire le dodici tribù d'Israele ed essere le fondamenta di un nuovo popolo di Dio? Marco non risponde qui alla domanda, ma il tema ritornerà drammaticamente nella Sezione cinque.

Opposizione da parte della famiglia (3:20-21)

Marco ci dice che la crescente popolarità di Gesù e dei suoi discepoli spesso impedisce loro di mangiare regolarmente. La reazione della sua famiglia è che "è fuori di sé" (21) perciò decidono di andare a prenderlo e portarlo a casa. Questo breve paragrafo è l'inizio di un 'panino di Marco' sul tema dell'opposizione (20-35).

Opposizione da parte dei capi religiosi (3:22-30)

È da presumere che i dottori della legge siano scesi da Gerusalemme apposta per esprimere la loro opinione teologica su Gesù. Credono che sia posseduto da Satana o, quantomeno, sia sotto un'influenza occulta (22). Ecco da dove viene la sua potenza.

Quindi Gesù dice loro che la loro posizione è illogica: perché mai Satana utilizzerebbe Gesù per organizzare la caduta del suo regno del male (23-26)? E ora Gesù spiega cosa sta realmente accadendo nei suoi esorcismi e nelle sue guarigioni: "Nessuno può entrare nella casa dell'uomo forte e rubargli la sua roba, se prima non avrà legato l'uomo forte; soltanto allora gli saccheggerà la casa" (27). Il quadro è chiaro. Il diavolo è come un uomo forte che tiene le persone in suo potere come se fossero di sua proprietà. Quello che accade negli avvenimenti del Vangelo è che Gesù sopraffà Satana al fine di liberare le persone. Nel Blocco B ne incontreremo un drammatico esempio (5:1-20).

Gesù ora attacca i suoi attaccanti (28-30) e parla della bestemmia contro lo Spirito Santo. I capi dei Giudei non ignorano i fatti su Gesù, né le promesse dell'Antico Testamento sul Messia. Accusandolo di essere controllato da uno spirito immondo (30), peccano contro la verità consapevolmente e deliberatamente. Per il peccato contro lo Spirito Santo, dice Gesù, non c'è perdono.

Questo sembra contraddire l'insegnamento della Bibbia in altri brani in cui Dio perdona volentieri chiunque si ravvede dei propri peccati e ripone la sua fiducia in lui. La soluzione dell'enigma è sicuramente questa: coloro che hanno commesso bestemmia contro lo Spirito Santo non se ne ravvedono mai né chiedono perdono. Non è un peccato inconsapevole, ma un atto intenzionale. Soprattutto non è un peccato intenzionale *qualsiasi*, ma è attribuire, deliberatamente e consapevolmente, la verità e la luce di Dio a Satana, alle sue menzogne e alla sua malvagità.

Così la persona che si preoccupa per paura di aver commesso questo peccato in realtà non l'ha commesso; se l'avesse fatto non se ne preoccuperebbe affatto. Va ora detta una cosa: noi non abbiamo il diritto di decidere quando qualcuno ha commesso questo peccato imperdonabile. Nemmeno Gesù lo fa qui: non dice ai dottori della legge che hanno già raggiunto il punto di non ritorno, ma li avverte che questo accadrà se persisteranno nel loro volontario rifiuto della verità.

Opposizione da parte della famiglia, di nuovo (3:31-35)

I famigliari sono arrivati e vogliono parlare con Gesù; questo completa il 'panino di Marco' iniziato nel versetto 3:20-21. Gesù risponde chiarendo di avere una nuova famiglia: "Chiunque avrà fatto la volontà di Dio, mi è fratello, sorella e madre" (35). Si riferisce al nuovo popolo di Dio, del quale i dodici apostoli sono l'inizio (13-19).

L'opposizione verso Gesù del Blocco A, avrà senz'altro suscitato degli interrogativi ad alcuni degli apostoli appena scelti: Gesù è davvero realmente venuto da Dio? Come mai le persone che lo conoscono meglio (la sua famiglia) e le persone che conoscono meglio le Scritture (i dottori della legge) respingono Gesù? Il primo elemento del Blocco B ci darà la risposta.

Blocco B (4:1-5:43)

Quattro parabole sulla potenza della parola di Dio (4:1-34)

a – Parabola: Il seminatore (4:1-20)

Gesù ha già chiesto di avere a disposizione una barca (vedi 3:9) e ora la usa per poter insegnare alla folla dalla riva del mare (1-2). Marco chiarisce nel versetto 2 che sta riportando solo alcune delle parabole di Gesù nel capitolo 4 (cfr. le sette parabole nel brano parallelo nel Vangelo di Matteo, capitolo 13).

Nel versetto 13 Gesù afferma che la parabola del seminatore è la più importante: "Non capite questa parabola? Come comprenderete tutte le altre parabole?". La prima ragione per cui questa parabola è così importante è perché riguarda l'ascolto della parola di Dio. Nel suo racconto Gesù stesso dice: "Ascoltate!" (2a) e "Chi ha orecchi per udire oda" (9). La spiegazione dei versetti 14-20 è molto specifica: "la parola" è nominata in ogni versetto. La parabola riguarda l'ascolto di ciò che Dio ha da dirci.

Il secondo motivo per cui questa parabola è della massima importanza è che spiega l'opposizione che Gesù incontra, di cui abbiamo già avuto un assaggio nel Blocco A. Come mai non tutti si affrettano a ricevere Gesù? Perché, secondo la parabola, ci sono quattro tipi di cuore umano: cuori duri (15), cuori superficiali (16-17), cuori sovraffollati (18-19) e cuori aperti (20). In altre parole i discepoli non devono essere sorpresi se Gesù è respinto: c'è da aspettarselo. Ogni volta che la parola di Dio è insegnata dovremmo aspettarci delusioni e frutti: delusioni per l'opposizione e frutti quando le persone riconoscono Gesù e lo accolgono nella loro vita. Questa è una lezione che i discepoli non dovrebbero mai dimenticare.

Ma come dobbiamo interpretare i versetti 10-12? Gesù intende forse dire che Dio non vuole che le persone si rivolgano a lui e siano perdonate? La risposta a questa domanda è no. Gesù dice ai discepoli, nel versetto 11, che ci sono due gruppi di persone: gli estranei, i quali non comprendono e quindi rifiutano il messaggio di Dio, e i seguaci, che magari non capiscono tutto, ma chiedono aiuto a Gesù (vedi 10, 34). Le parabole non sono un test di intelligenza, ma un test di apertura, per mostrare a quale gruppo appartiene ogni ascoltatore. Le persone spiritualmente aperte sono affamate di una maggiore conoscenza e quindi chiedono aiuto a Gesù. Questo è vero ancora oggi.

C'è un elemento della parabola del seminatore che Gesù non spiega nei versetti 14-20. "Il seminatore semina la parola" (14), ma chi è il seminatore? Gesù sta parlando di Dio che semina il messaggio o parla di noi, suoi discepoli, che seminiamo il messaggio? La risposta è quasi certamente "entrambi!". Ma, chiunque sia a condividere il messaggio, la potenza di cambiare la vita risiede nella parola di Dio.

b – Parabola: La lampada (4:21-25)

In questa seconda parabola Gesù paragona la parola a una lampada. L'insegnamento del messaggio di Dio rivela che tipo di persone siamo e se, spiritualmente, siamo realmente aperti oppure no. Se davvero non ascolto, molto presto non comprenderò più neanche quel poco della parola di Dio che avevo afferrato finora, ma se sono aperto a Dio, capirò sempre di più (25). Così potente è la parola di Dio!

c – Parabola: Il seme che germoglia da sè (4:26-29)

Solo Marco riporta per noi questa parabola: si adatta perfettamente al suo tema nel Blocco B. Gesù sottolinea ancora la potenza contenuta nella parola di Dio. Dopo che il seme è stato seminato ci sarà sicuramente la crescita e questa crescita non dipende dal seminatore: "Dorma e si alzi, la notte e il giorno; il seme intanto germoglia e cresce senza che egli sappia come" (27).

Gesù rinfranca i discepoli scoraggiati. Quando la parola di Dio è seminata, la crescita è certa: "La terra da se stessa porta frutto …" (28). Anche il raccolto è certo, come chiarisce il versetto 29. Quindi non c'è alcun elemento segreto che produce la crescita quando la parola di Dio è seminata, dice Gesù: la potenza è nella parola stessa.

d – Parabola: Il granello di senape (4:30-34)

Il messaggio è pressappoco lo stesso della parabola precedente. Ma ora Gesù accentua la potenza della parola di Dio in due modi: primo, sceglie il seme più piccolo che si conoscesse nel primo secolo, per mostrare gli inizi, apparentemente insignificanti, dell'insegnamento sul regno. Ma poi il seme "cresce e diventa più grande di tutti gli ortaggi" (32). Il fatto che "alla sua ombra possono ripararsi gli uccelli del cielo" (32) indica la notevole dimensione della pianta adulta. Gesù è assolutamente fiducioso che il regno di Dio crescerà, perché la parola di Dio ha in sé tanta potenza.

Non dobbiamo guardare lontano per scoprire perché Marco riporta precisamente queste parabole fra tutte quelle che conosce (33). Quattro parabole, seguite da quattro miracoli in 4:35-5:43, danno un senso alla struttura che Marco ha scelto per il suo Vangelo. Inoltre, in tutte e quattro le parabole l'insegnamento di Gesù riguarda la potenza della parola di Dio.

Quattro miracoli che riguardano la potenza di Gesù (4:35-5:43)

d' – Miracolo: Gesù calma la tempesta (4:35-41)

Perché Marco ha scelto questi quattro miracoli per la seconda metà del Blocco B? La risposta non è difficile da trovare. Ci mostrano la potenza di Gesù all'opera in ogni settore della vita: sulla natura (4:35-41), sul male (5:1-20), sulla malattia (5:25-34) e sulla morte (5:21-43). Se Gesù è il Signore in questi quattro settori nei quali noi esseri umani sperimentiamo sempre la nostra impotenza, allora lui è davvero Signore sopra ogni cosa. Le conseguenze, come i discepoli iniziano a vedere in 4:41, sono spaventose e sconvolgenti. Se diamo uno sguardo più da vicino a questo primo miracolo, ciò diventerà tutto più chiaro.

Marco dipinge un quadro molto vivido della intensità della tempesta (37). I discepoli, tra i quali quattro esperti pescatori ben avvezzi alla Galilea e al suo clima, considerano la reale possibilità che la barca affondi e che tutti anneghino (38). Probabilmente sono sorpresi che Gesù continui a dormire con tutto il frastuono; probabilmente, lo svegliano perché si rendono conto che è necessario, e possibile, un miracolo.

Marco ora ci mostra che Gesù ha il completo controllo della situazione. Ci sono almeno due sorprese nel versetto 39: primo, Gesù parla al vento e alle onde con le stesse parole che qualcuno potrebbe usare per fermare un cane che salta: "Taci! Calmati!". E, secondo, la natura gli ubbidisce. È già abbastanza sorprendente che il vento trattenga il proprio respiro, ma che le onde si plachino all'istante, piuttosto che poco alla volta, è incredibile "e si fece gran bonaccia". Per Gesù, in un certo senso, tutto ciò non è stato nulla di straordinario: "Egli disse loro: 'Perché siete così paurosi? Non avete ancora fede?'" (40).

Tramite la sua struttura Marco ha collegato questo miracolo con la parabola del granello di senape. Come il granello di senape, la domanda sull'identità dell'uomo a poppa (41) è un piccolo inizio. Eppure, con questo miracolo travolgente e la domanda che esso suscita, Gesù ha iniziato un processo che porterà al riconoscimento di chi egli è, non solo da parte dei discepoli ma da milioni di uomini e donne, i quali, nel corso dei secoli, saranno cambiati dalla potenza di Gesù. Mentre scrivo queste parole, e mentre le leggi, molti di noi fanno parte di questo "più grande di tutti gli ortaggi" (32).

c' – Miracolo: Gesù scaccia Legione (5:1-20)

Marco sembra collegare questo miracolo e la parabola del seme che germoglia da sé con una connessione puramente verbale: la frase "la notte e il giorno" appare nel Vangelo di Marco solo in 4:27 e 5:5; ma non è tutto qui. Il male è costantemente al lavoro per distruggere gli esseri umani (vedi 5:5), ma il regno di Dio è in costante crescita (vedi 4:27) e questo evento ci mostra chi è il più forte.

Marco, di nuovo, sottolinea l'impotenza della gente di frenare le forze incontrollabili del male in quest'uomo (1-5): "Nessuno aveva la forza di domarlo" (4). È un quadro terribile dei poteri distruttivi del peccato e del male. Ancora una volta i demoni riconoscono chi è Gesù (7). Segue una strana conversazione in cui Legione sembra negoziare con Gesù ciò che dovrebbe essere fatto di lui, chiedendo di essere inviato nei maiali.

A questo punto potrebbero sorgere nella nostra mente, molte domande, ma non dobbiamo permettere che ci distraggano dal messaggio principale di Marco. Le potenze del male riconoscono che possono fare solo quello che Gesù permette loro di fare: "Egli lo permise loro. Gli spiriti immondi, usciti, entrarono nei porci" (13a). Il male non può reggere a confronto con la maestosa potenza di Gesù.

La gente risponde a questo miracolo con la paura (15b, cfr. 4:41), non perché hanno perso i loro maiali, ma per la prova indiscutibile di ciò che Gesù può fare nella vita di un individuo: "E videro l'indemoniato seduto, vestito e sano di mente, lui che aveva avuto la legione; e s'impaurirono" (15). Hanno paura di Gesù e della sua potenza.

Gesù non permette all'uomo liberato di stare con lui: il suo compito è quello di dire alla sua famiglia quello che Dio ha fatto per lui (19), nonostante le parole siano superflue dopo una trasformazione così radicale! In questa occasione Gesù non comanda il silenzio (come, ad esempio, in 1:44, e poi in 5:43), presumibilmente perché questa è una zona di Gentili (vedi 1, 20; ai Giudei non sarebbe stato permesso di tenere dei maiali), e le persone non avrebbero avuto idee sbagliate sul Messia perché probabilmente non avevano idee preconcette su come Dio, attraverso il Messia, avrebbe fatto irruzione nella storia umana.

Marco termina il suo racconto riportando che l'uomo inizia a raccontare la storia di ciò che Gesù (non Dio) ha fatto per lui (20). È forse in dubbio che l'uomo abbia riconosciuto che Gesù è Dio. Quel che è certo è che Marco vuole che noi afferriamo il messaggio: la potenza sorprendente di Gesù di cambiare la vita non è altro che la potenza di Dio. Questa è la risposta alla domanda dei discepoli a 4:41.

b' – Miracolo: Gesù guarisce una donna (5:25-34)

Questo miracolo è al centro di un 'panino di Marco', un'interruzione mentre Gesù è in cammino, diretto a guarire la figlia di Iairo. Ancora una volta Marco sottolinea quanto è disperata la situazione: la donna soffre di emorragia interna da dodici anni. Molti medici sono riusciti solo a peggiorarne la condizione (25-26). Ora è gravemente malata, ritualmente impura, estremamente povera e disperatamente sola. Arriva alle spalle di Gesù passando tra la folla, tocca il suo mantello ed è immediatamente guarita (27-28).

Ora, dice Marco, ascolta questo: Gesù ha così tanta potenza che le persone sono guarite persino senza che lui decida di farlo! La potenza di Dio pulsa nella sua persona, allo stesso modo in cui il sangue scorre nelle sue vene.

Ma Gesù sa che è successo qualcosa: "Subito Gesù, conscio della potenza che era emanata da lui" (30a). Nonostante l'incredulità dei discepoli nel versetto 31, Gesù è deciso a scoprire chi, fra tutte le persone della folla che lo toccavano, l'ha fatto deliberatamente. Aspetta fino a quando la donna arriva e gli dice "tutta la verità" (33). Per la seconda volta nel Vangelo, Gesù mostra di rispondere alla fede (34, cfr. 2:5).

Questa straordinaria, in quanto non intenzionale, guarigione per la potenza di Gesù, dovrebbe riempirci di timore reverenziale. Marco, però, vuole che vediamo anche qualcos'altro. La struttura del Blocco B collega questo miracolo (b') con la parabola della lampada (b, 4:21-25). È facile pensare alla guarigione della donna leggendo 4:22: "Poiché non vi è nulla che sia nascosto se non per essere manifestato; e nulla è stato tenuto segreto, se non per essere messo in luce." Questo è esattamente ciò che Gesù fa in 5:30-34 ed è ciò che la sua potenza vuole fare anche nella nostra vita.

a' – Miracolo: Gesù risuscita la figlia di Iairo (5:21-43)

La crescente disperazione del capo della sinagoga (22) deve aver reso la conversazione di Gesù con la donna quasi insopportabile per lui. Ecco che arriva la notizia della morte della figlia (35). Ma Gesù si rivolge a Iairo con le parole "Non temere; soltanto abbi fede!" (36).

Sembra che Iairo sia pronto a prendere Gesù in parola, infatti non fa nulla per dissuaderlo dal continuare il cammino. Forse la fede della donna ha rafforzato la sua. Quando Gesù arriva a casa e dice: "Perché fate tanto strepito e piangete? La bambina non è morta, ma dorme" (39), non sono Iairo e sua moglie che ridono beffardi, ma gli altri che si sono riuniti per piangere la ragazza morta.

Marco collega questo avvenimento con la parabola del seminatore (a, 4:1-20). Ogni volta che la parola di Dio viene proclamata, ci saranno sempre differenti reazioni: alcuni rideranno e rifiuteranno il messaggio, mentre altri crederanno. Inoltre, in entrambi gli avvenimenti esiste un gruppo interno e un gruppo esterno (4:11 e 5:40).

Ma torniamo nella casa di Iairo. In 4:39 Gesù aveva parlato agli elementi atmosferici, ora in 5:41 parla a una ragazza morta e lei ubbidisce: "Subito la ragazza si alzò e camminava" (42). Gesù, come fa spesso, comanda loro di non parlare di questo miracolo; si rende conto che sono stupiti (42), perciò ricorda loro che probabilmente la bambina è affamata (43).

Il messaggio di Marco non poteva essere più chiaro. La potenza di Gesù è così grande che la natura, il male, la malattia e perfino la morte gli devono ubbidire. Non c'è situazione che vada oltre la potenza di Gesù. Questo è un invito a portare a lui i nostri problemi e ad avere fiducia nella sua potenza divina.

La struttura del Blocco B e la magistrale narrazione di Marco hanno risposto alla domanda di come le vite umane possono essere trasformate. Le parabole ci dicono che la potenza è nella parola di Dio, i miracoli ci dicono che la potenza è nella persona di Gesù. E non c'è divisione tra i due: è Gesù che parla della parola di Dio in 4:1-34, e sono le sue parole che portano trasformazione nei miracoli di 4:35-5:43 (vedi 4:39; 5:8, 34, 41). Marco ci sta certamente invitando a credere in lui.

Blocco C (6:1-6)

Opposizione da parte della famiglia e degli amici (6:1-6)

La breve conclusione di Marco alla Sezione due ci riporta al mondo di scetticismo e di opposizione. Gesù si trova a Nazaret, dove aveva vissuto da bambino, prima del suo trasferimento a Capernaum (vedi 2:1). Ma quando Gesù predica nella sinagoga di casa sua, è accolto con stupore cinico: "Non è questi il falegname, il figlio di Maria, e il fratello di Giacomo, di Iose, di Giuda e di Simone? Le sue sorelle non stanno qui da noi?" (3). Marco spiega che cosa significa tutto ciò, aggiungendo "E si scandalizzavano a causa di lui" (3b).

Gesù sa esattamente quale principio è all'opera qui: "Nessun profeta è disprezzato se non nella sua patria, fra i suoi parenti e in casa sua" (4). E così, in forte contrasto con le potenti opere nel Blocco B, "non vi poté fare alcuna opera potente, ad eccezione di pochi malati a cui impose le mani e li guarì" (5). Dopo che Gesù ha stupito così tante persone (vedi 1:22, 27, 2:12, 5:20, 42), ora è il suo turno di essere stupito da loro, o meglio dalla loro mancanza di fede (6).

Così la Sezione due si conclude con il disappunto. La Sezione uno si era conclusa con il complotto dei capi religiosi di farlo morire (3:6), la Sezione due termina con l'opposizione di coloro che pensano di conoscerlo meglio.

Imparare a memoria il Vangelo

La Sezione due è facile da imparare. Inizia ancora con il Blocco B: non ci vorrà più di qualche minuto per imparare le quattro parabole e poi i quattro miracoli. Non preoccuparti di tutti i dettagli; potrai includerne di più, dopo aver afferrato la struttura di base.

Il Blocco A e il Blocco C poi presentano pochi problemi. Ricordati che il tema del rifiuto da parte della famiglia può essere trovato in entrambi i blocchi. Gli ingredienti extra del Blocco A sono la chiamata degli apostoli e il rifiuto dei capi dei Giudei nel mezzo del 'panino di Marco'.

Per favore prendi del tempo per imparare la sezione: sono certo che i primi cristiani lo fecero. Meglio conosciamo il Vangelo, meglio conosceremo Gesù.

La potenza

A

Gesù sceglie i dodici apostoli 3
Opposizione da parte della famiglia
Opposizione da parte dei capi religiosi
Opposizione da parte della famiglia, di nuovo

B

a Parabola: Il seminatore 1
b Parabola: La lampada
c Parabola: Il seme che germoglia da sé
d Parabola: Il granello di senape

d' Miracolo: Gesù calma la tempesta 2
c' Miracolo: Gesù scaccia Legione
b' Miracolo: Gesù guarisce una donna
a' Miracolo: Gesù risuscita la figlia di Iairo

C

Opposizione da parte della famiglia e degli amici[4]

A+C: Opposizione

Logica B: Quattro parabole – potenza della parola
Quattro miracoli – potenza di Gesù

Incontrare il Signore

Quando avrai l'opportunità di ripassare tutta la Sezione due nella tua mente ti ritroverai a pregare e ad adorare. Forse vorrai pregare per la tua esperienza di condivisione della buona notizia con gli altri mentre ti racconti di nuovo le parabole del Blocco B. Chiedi al Signore di aiutarti a non essere sorpreso per il rifiuto del messaggio, ma chiedigli aiuto anche quando alcuni rispondono positivamente allo stesso.

Inoltre sarai spinto all'adorazione mentre vivrai di nuovo i miracoli del Blocco B. Osserva l'autorità di Gesù in ogni ambito della vita; condividi lo stupore di alcuni tra la folla; e chiedigli di dimostrare la sua potenza in te e attraverso di te oggi.

Io prego che tu, raccontandoti di nuovo Marco, riscoprirai Gesù.

Sezione tre: La preparazione (Marco 6:7-8:30)

Finora nel Vangelo i discepoli hanno avuto tante opportunità di testimoniare delle parole e delle opere potenti di Gesù, e hanno iniziato a porsi la domanda: "Chi è dunque costui?" (4:41). Sono stati, però, soprattutto spettatori, osservando e ascoltando. Ora, nella Sezione tre, Gesù li coinvolgerà maggiormente; li addestrerà al discepolato e a riconoscere chi egli è (8:29).

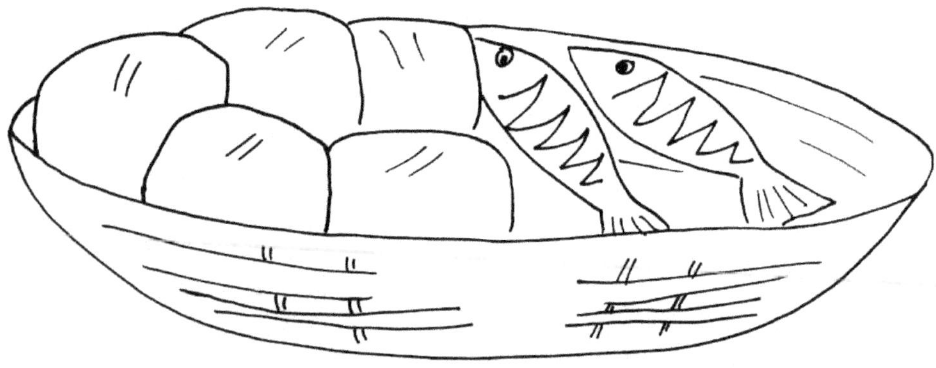

Tutti mangiarono e furono sazi. (Marco 6:42)

Godersi il panorama

Blocco A (6:7-33)

Gesù manda in missione i dodici (7-13)
La morte di Giovanni il battista (14-29)
I dodici ritornano da Gesù (30-33)

Blocco B (6:34-8:10)

a	6:34-44	Moltiplicazione dei pani per 5000
b	6:45-52	Gesù cammina sul mare
c	6:53-56	Gesù guarisce i malati di Gennesaret
d	7:1-13	La parola di Dio e la tradizione umana
d'	7:14-23	Cosa rende impure le persone?
c'	7:24-30	Gesù e la donna sirofenicia
b'	7:31-37	Gesù guarisce un sordomuto
a'	8:1-10	Moltiplicazione dei pani per 4000

Blocco C (8:11-30)

I farisei chiedono un segno (11-13)
La confusione dei discepoli (14-21)
Gesù guarisce un cieco in due tempi (22-26)
Pietro riconosce in Gesù il Messia (27-30)

Il blocco centrale di otto avvenimenti (Blocco B) inizia e finisce con la miracolosa moltiplicazione di cibo per una moltitudine. In entrambi i casi Gesù coinvolge i discepoli, come parte del loro addestramento. Nel mezzo del blocco, negli Avvenimenti d e d', Gesù critica due elementi degli insegnamenti giudaici del primo secolo: la tradizione dei padri e che cosa rende le persone impure dinanzi a Dio. Questi due avvenimenti sono i cardini sui quali ruota tutto il Blocco B: negli Avvenimenti a, b e c Gesù ha tre incontri con Giudei, mentre gli Avvenimenti c', b', e a' descrivono tre incontri con Gentili. Nella struttura del Blocco B esistono, quindi, sia un chiaro sviluppo, sia una logica intrinseca.

Ancora una volta i Blocchi A e C hanno qualcosa in comune. In questo caso sono i personaggi chiave: Giovanni il battista ed Erode. Nel Blocco A Marco racconta la storia della morte di Giovanni per volontà di Erode (6:14-29). Nel Blocco C, quando Gesù chiede ai discepoli chi pensa la gente che egli sia, una delle risposte è Giovanni il battista (8:28). È interessante notare che Gesù, appena prima, li aveva messi in guardia dal "lievito dei farisei e dal lievito di Erode!" (8:15). Matteo, nel brano parallelo, riporta "lievito dei farisei e dei sadducei" (Mt 16:11); qui, Marco sembra stia deliberatamente provvedendo dei segnali indicatori per indicare l'inizio e la fine della Sezione tre.

Ci sono due 'panini di Marco' in questa sezione. L'intero Blocco A rientra in questa categoria: l'episodio della morte di Giovanni il battista si trova tra la missione dei dodici e il loro ritorno (6:7-33). Giustamente, il secondo 'panino' si può trovare nel Blocco C. Marco racconta la guarigione in due tempi di un uomo cieco (8:22-26); prima di questo evento è riportata la confusione dei discepoli (14-21) e dopo, finalmente la loro certezza, che Gesù è il Messia (27-30).

Prima di tornare a esaminare più dettagliatamente il testo, fai una pausa per leggere Marco 6:7-8:30. Chiedi al Signore di istruirti, proprio come lui, allora, faceva con i suoi discepoli.

Tirar fuori il contenuto

Blocco A (6:7-33)

Gesù manda in missione i dodici (6:7-13)

Proprio all'inizio della Sezione uno Gesù chiama i suoi primi discepoli (1:16-20); all'inizio della Sezione due Gesù sceglie i dodici apostoli (3:13-19); ora all'inizio della Sezione tre, li invia in una missione di formazione. Come abbiamo notato prima, il 'panino di Marco' inizia qui.

Le istruzioni di Gesù nei versetti 8-10 sono dirette a far sì che i discepoli imparino a dipendere da Dio per soddisfare tutti i loro bisogni. Se loro, o il loro messaggio, non saranno accolti in un villaggio, Gesù dice ai discepoli: "Scuotetevi la polvere dai piedi come testimonianza contro di loro" (11), un gesto per dimostrare che la risposta della gente non è responsabilità dei discepoli.

Gli apostoli fanno tre cose nella loro missione: predicano la necessità di ravvedimento (12), compiono esorcismi e guariscono molte persone (13). Nel frattempo succede anche qualcos'altro. Finora i discepoli hanno ascoltato e osservato Gesù, ora invece imparano dalla pratica. Ciò è una parte essenziale della preparazione dei discepoli da parte di Gesù.

La morte di Giovanni il battista (6:14-29)

Marco ci racconta questa storia in dettaglio. È curioso, però, che questo evento non segue l'ordine cronologico perché Giovanni era morto certamente da molti mesi a questo punto del Vangelo.

La domanda sorge spontanea: perché Marco sceglie di raccontare la morte di Giovanni proprio ora. Il suo 'panino' (7-33) ci fornisce la risposta. Benché Marco, nei versetti 16-29, si focalizzi sulle paure, causate dalla colpa, di Erode e sulla sua cattiva coscienza, il contesto più ampio dei versetti 7-13 e 30-33 sembra voglia dirci qualcosa sul discepolato. La missione degli apostoli (7-13), come appare nel versetto 13, ha avuto successo. Essi, tornati da Gesù (30-33) sarebbero stati lieti di raccontargli ciò che avevano sperimentato (vedi 30). Marco, però, vuole farci sapere che il discepolato ha il suo prezzo. Giovanni il battista era stato un fedele seguace di Gesù: "Giovanni infatti gli diceva: 'Non ti è lecito tenere la moglie di tuo fratello!'" (18). La fedeltà di Giovanni, però, gli costò la vita (26-29).

Ecco, quindi, il messaggio di Marco nel Blocco A: non dobbiamo essere ingenui su ciò che significa seguire Gesù. I discepoli hanno sperimentato la potenza di Dio quando Gesù li mandò con la sua autorità (7); a volte, però, i discepoli dovranno affrontare persecuzioni e persino la morte a motivo di Gesù e del vangelo.

I dodici ritornano da Gesù (6:30-33)

Marco completa il 'panino' riportando la fine della missione formativa: "Gli apostoli si riunirono attorno a Gesù e gli riferirono tutto quello che avevano fatto e insegnato" (30). Gesù è premuroso nei loro confronti e vede il loro bisogno di cibo e di riposo (31-32). La folla però non lascia loro il tempo di ristorarsi (33). Il discepolato, Marco dice nel Blocco A, ha sia un lato positivo sia uno negativo.

Blocco B (6:34-8:10)

Tre eventi che hanno per protagonisti i Giudei (6:34-56)

a – Moltiplicazione dei pani per 5000 (6:34-44)

Questo è l'unico miracolo riportato da ciascuno dei quattro autori dei Vangeli. Matteo e Marco riportano in aggiunta la moltiplicazione dei pani per 4000 (vedi 8:1-10). Cosa ci può essere di così importante nello sfamare una tale quantità di gente?

La risposta si può trovare nella profezia di Isaia, nell'Antico Testamento. In un brano che guarda avanti, alla fine dei tempi, Isaia scrive così: "Il SIGNORE degli eserciti preparerà per tutti i popoli su questo monte un convito di cibi succulenti, un convito di vini vecchi, di cibi pieni di midollo, di vini vecchi raffinati. Distruggerà su quel monte il velo che copre la faccia di tutti i popoli e la coperta stesa su tutte le nazioni. Annienterà per sempre la morte; il Signore, DIO, asciugherà le lacrime da ogni viso, toglierà via da tutta la terra la vergogna del suo popolo, perché il SIGNORE ha parlato" (Isaia 25:6-8). Oggi diremo che si tratta di una descrizione poetica del paradiso; i Giudei del primo secolo chiamavano questa grande festa il banchetto messianico perché il Messia stesso sarebbe stato il padrone di casa.

La moltiplicazione dei pani per 5000 non è, ovviamente, il banchetto messianico, ma ne è un'anteprima. I Giudei che conoscevano la profezia dell'Antico Testamento avrebbero immediatamente pensato a Isaia capitolo 25 e avrebbero visto nel miracolo un'indicazione che Gesù è il Messia promesso. Nel quarto Vangelo, Giovanni riporta che, dopo aver assistito a questo miracolo, la gente voleva rapire Gesù per farne un re politico (Giovanni 6:14-15). Possiamo notare subito come Gesù risponde ai bisogni della folla. Marco scrive: "Com'egli fu sbarcato, vide una gran folla e ne ebbe compassione, perché erano come pecore che non hanno pastore; e si mise a insegnare loro molte cose" (34). Il rimedio per la folla perduta non è il miracolo, ma l'insegnamento. Ciò di cui uomini e donne hanno più bisogno è ascoltare la verità riguardo a loro stessi e Dio.

Ma torniamo al miracolo. Gesù volutamente usa la situazione come un'opportunità per istruire i suoi discepoli. Quando loro gli suggeriscono di mandare via la folla, affinché potessero comprare del cibo, Gesù tranquillamente risponde: "Date loro voi da mangiare" (37a). I discepoli spiegano a Gesù: "Andremo noi a comprare del pane per duecento denari e daremo loro da mangiare?" (37b). Gesù risponde sottolineando l'impossibilità della situazione e chiedendo ai discepoli di verificare quanto cibo hanno a disposizione: cinque pani e due pesci!

Gesù mette deliberatamente i discepoli in una posizione di disagio. Lo ha già fatto nel Blocco A (vedi 7-13), e qui lo fa ancora. Una parte della loro preparazione deve farli arrivare a comprendere la loro inabilità di farcela da soli, senza l'aiuto di Dio e di scoprire che la parola "impossibile" non è nel vocabolario di Dio.

Gesù coinvolge nuovamente i discepoli nel compiere il miracolo: "Prese i cinque pani e i due pesci, e, alzati gli occhi verso il cielo, benedisse e spezzò i pani, e li dava ai suoi discepoli, affinché li distribuissero alla gente" (41). Ecco lo stesso principio di nuovo in azione: i discepoli non sono più solo degli spettatori, ma stanno imparando dalla pratica. I discepoli si stanno preparando per essere coinvolti nei propositi di Gesù e per riconoscere chi egli è.

Alla fine del paragrafo Marco pone l'accento sull'immensità del miracolo raccontandoci che, dopo aver mangiato a sufficienza "si raccolsero dodici ceste piene di pezzi di pane e di resti dei pesci" (43). Quando invito degli amici a cena, dopo il pasto, il cibo è sparito, ma con Gesù è esattamente il contrario!

b – Gesù cammina sul mare (6:45-52)

Ora Gesù espone i discepoli a un diverso tipo di esperienza formativa. In questo miracolo, loro non sono attivamente coinvolti, almeno fino a quando Pietro chiede di poter camminare anche lui sull'acqua (un dettaglio però che Marco non include nel suo racconto). Questo miracolo è particolare nel Vangelo di Marco, perché è indirizzato esclusivamente ai discepoli. Infatti essi non assistono a qualcosa che Gesù compie per altre persone, ma a ciò che Gesù compie proprio per loro. Anche questa è una preparazione.

Marco riporta nel versetto 52 che "non avevano capito il fatto dei pani, anzi il loro cuore era indurito". Questo miracolo sembra quindi puntato a preparare i discepoli per riconoscere chi è Gesù. Infatti, subito prima che Gesù salisse sulla barca, egli calma i loro timori dicendo: "Coraggio, sono io; non abbiate paura!" (50). In Greco "sono io" è "io sono" il nome con cui Dio si era rivelato nell'Antico Testamento (vedi, ad esempio, Esodo 3:14). I discepoli però ancora non recepiscono il messaggio.

c – Gesù guarisce i malati di Gennesaret (6:53-56)

Marco ci dice che "come furono sbarcati" la gente subito riconosce Gesù (54); qualcosa che i discepoli devono ancora fare nel senso più pieno della parola. Questo paragrafo riassuntivo dipinge un quadro di Gesù che soddisfa senza sforzo il bisogno umano ovunque si presenti. Marco aggiunge, in una frase che rievoca 5:27-29, che "lo pregavano che li lasciasse toccare almeno il lembo della sua veste. E tutti quelli che lo toccavano erano guariti" (56). Cosa pensano i discepoli mentre assistono a tutto questo? Quanto sono vicini alla verità riguardo a Gesù? Dovremo aspettare il Blocco C per scoprirlo.

Due critiche al giudaismo tradizionale del primo secolo (7:1-23)

d – La parola di Dio e la tradizione umana (7:1-13)

Nonostante il motivo dell'insegnamento di Gesù in questi versetti sia l'impurità rituale, egli non affronta direttamente la questione fino ai versetti 14-23. Nei versetti 1-13, Gesù spiega ai capi dei Giudei che la loro posizione sull'argomento è solo un sintomo di un problema molto più profondo. Questo è un argomento cruciale e una parte essenziale della preparazione dei discepoli.

Nell'opinione dei Giudei del primo secolo esistevano due fonti di rivelazione divina: la parola scritta di Dio e la tradizione orale trasmessa di generazione in generazione. Questa seconda fonte era conosciuta come "la tradizione degli antichi" (3, 5). Gesù accusa i capi dei Giudei di non riconoscere che la tradizione orale aveva un'origine puramente umana. Ancora peggio: "Avendo tralasciato il comandamento di Dio, vi attenete alla tradizione degli uomini" (8). In altre parole, ignoravano la parola di Dio in favore delle idee degli uomini. Per arrivare al punto, Gesù usa il sarcasmo: "Come sapete bene annullare il comandamento di Dio per osservare la vostra tradizione!" (9). Questo, egli aggiunge, non è un fatto nuovo: infatti Isaia aveva già profetizzato al riguardo, dicendo che il loro insegnamento consisteva soltanto in "dottrine che sono precetti di uomini" (7).

Gesù fa un esempio di ciò che questo vuole dire nella pratica. Era chiaro, secondo la legge dell'Antico Testamento, che padre e madre dovevano essere onorati (10); la tradizione degli antichi, però, insegnava che non era necessario che un figlio adulto sostenesse economicamente i genitori bisognosi, se i suoi soldi fossero stati dichiarati "Corban", cioè, dedicati a Dio (vedi 10-12). Gesù riassume la situazione così: "Non gli lasciate più far niente per suo padre o sua madre, annullando così la parola di Dio con la tradizione che voi vi siete tramandata" (12-13). Tristemente questa non è un'eccezione. Gesù continua: "Di cose simili ne fate molte" (13b).

Gesù non critica la tradizione in sé, ma sottolinea che nel momento in cui le è attribuita la stessa autorità della parola di Dio, in pratica la sostituisce.

Questi versetti sono un massiccio attacco ai capi dei Giudei venuti da Gerusalemme (1). Prima che Gesù riporti le parole di Isaia: "Questo popolo mi onora con le labbra, ma il loro cuore è lontano da me" egli dice: "Ben profetizzò Isaia di voi, ipocriti" (6).

Una cosa interessante, però, è che Marco non riporta la reazione di questi capi (forse ci possiamo immaginare che cosa provassero!). Il punto principale nella Sezione Tre è la preparazione dei discepoli. Loro sono lì che ascoltano (2, 17) e imparano: alla tradizione umana, per quanto positiva, non deve mai essere permesso di contraddire la parola di Dio.

d' – Cosa rende impure le persone? (7:14-23)

Ora Gesù torna alla questione primaria: che cosa rende impure e sporche le persone davanti a Dio? La tradizione giudaica nel primo secolo insegnava che la causa principale era il contatto esterno con il peccato e con i peccatori. Marco ci ha già dato un esempio di questo atteggiamento nel suo Vangelo (vedi 2:15-16).

Gesù però mette in chiaro che è il peccato nei nostri cuori che ci rende impuri davanti a Dio e non le influenze esterne: "Non c'è nulla fuori dell'uomo che entrando in lui possa contaminarlo; sono le cose che escono dall'uomo quelle che contaminano l'uomo" (15).

Nei versetti 17-23 Gesù è solo con i suoi discepoli. Insegna loro che il cuore umano è malvagio: "Perché è dal di dentro, dal cuore degli uomini, che escono cattivi pensieri, fornicazioni, furti, omicidi, adulteri, cupidigie, malvagità, frode, lascivia, sguardo maligno, calunnia, superbia, stoltezza. Tutte queste cose cattive escono dal di dentro e contaminano l'uomo" (21-23). Se noi non crediamo così, potremmo pensare di essere in grado, con i nostri sforzi, di salvare noi stessi. Gesù aveva già detto alla festa a casa di Levi: "Io non sono venuto a chiamare dei giusti, ma dei peccatori" (2:17).

Tre avvenimenti di cui sono protagonisti i Gentili (7:24-8:10)

c' – Gesù e la donna sirofenicia (7:24-30)

I primi tre avvenimenti del Blocco B (Avvenimenti a, b e c) hanno come protagonisti dei Giudei. Ora, dopo la critica di Gesù sugli insegnamenti legati alla tradizione dei Giudei del primo secolo negli Avvenimenti d e d', Marco chiude il blocco con tre avvenimenti che riguardano i Gentili (Avvenimenti c', b' e a').

I discepoli, ovviamente, hanno già visto l'amore che Gesù aveva dimostrato verso un Gentile (vedi 5:1-20). Ora Gesù si sposta, di nuovo, verso una regione dei Gentili (24). Però la sua reazione alla richiesta di questa donna gentile non sembra affatto amorevole. "Lascia che prima siano saziati i figli, perché non è bene prendere il pane dei figli per buttarlo ai cagnolini" (27). Il commento non è così duro come potrebbe sembrare. Nel primo secolo l'espressione "cani gentili" era un termine di disprezzo giudaico, ma qui Gesù usa una parola differente: non quella usata per gli animali randagi, ma quella usata per i cagnolini da compagnia che abitano in famiglia. Comunque mette in chiaro che, in questa fase del piano di salvezza di Dio, Israele ha la priorità. La cosa più significativa sulla donna è che lei accetta questa priorità, ma continua a chiedere aiuto: "'Sì, Signore', risponde lei, 'ma i cagnolini, sotto la tavola, mangiano le briciole dei figli'" (28). Gesù a sua volta risponde alla donna guarendo la figlia, senza che la ragazza fosse presente!

b' – Gesù guarisce un sordomuto (7:31-37)

Gesù ora ritorna nella regione dove aveva scacciato Legione (31, cfr. 5:20). Dei quattro evangelisti, soltanto Marco racconta questa storia. Le azioni di Gesù nei versetti 33 e 34 aiutano il sordomuto a credere che sta per sperimentare un miracolo; infatti è quello che succede nel versetto 35.

"Ed erano pieni di stupore", ci racconta Marco (37a), esattamente come i discepoli nel corrispondente Avvenimento b, dopo che Gesù aveva camminato sull'acqua (vedi 6:51). "I sordi li fa udire e i muti li fa parlare", dicono (37b), che è quasi un richiamo a Isaia 35:5-6 che parla della venuta del Messia. Questi sono Gentili e non conoscono le Scritture dell'Antico Testamento; eppure, senza saperlo, già iniziano a riconoscere chi è Gesù.

a' – Moltiplicazione dei pani per 4000 (8:1-10)

Se questo miracolo, come la moltiplicazione dei pani per 5000 in 6:34-44, è un'anteprima del banchetto messianico, è particolarmente significativo perché le persone qui sono Gentili. Molti dei Giudei del primo secolo davano per scontato che il banchetto sarebbe stato soltanto per Israele; eppure la profezia di Isaia, riportata in precedenza, aveva promesso "per tutti i popoli su questo monte un convito di cibi succulenti" (Isaia 25:6).

Ancora una volta Gesù coinvolge i discepoli e sottolinea l'impossibilità della situazione. Dopo che i discepoli hanno distribuito il cibo, Marco ci dice: "Così mangiarono e furono saziati; e dei pezzi avanzati si raccolsero sette panieri" (8).

Se ci sorprende che i discepoli sembrano aver dimenticato il primo miracolo (4) non siamo i soli! Vedremo fra un attimo che anche Gesù è sorpreso della loro lentezza ad afferrare la verità.

La struttura del Blocco B ci ha mostrato Gesù che prepara i suoi discepoli in modo che imparino a servirlo e a riconoscere chi egli è. Nel teso incontro con il giudaismo tradizionalista del primo secolo, riportato a metà del blocco, i discepoli avevano imparato tre cose: primo, le persone religiose a volte possono essere ipocrite; secondo, la parola di Dio è più importante della tradizione umana; terzo, il cuore umano è irrimediabilmente corrotto. Però loro non sono ancora completamente sicuri di chi sia Gesù.

Blocco C (8:11-30)

I farisei chiedono un segno (8:11-13)

Potremmo ben pensare che Gesù abbia dato già prove sufficienti della sua identità e della sua autorità nei suoi miracoli e insegnamenti, eppure qui i farisei chiedono un segno dal cielo. Gesù si rifiuta di aiutare coloro che sono determinati a rimanere chiusi spiritualmente. “E, lasciatili, salì di nuovo sulla barca”, ci dice Marco nel versetto 13. Ovviamente vuol dire che li ha lasciati fisicamente, ma qui potrebbe esserci anche un significato più profondo.

La confusione dei discepoli (8:14-21)

Gesù avverte i discepoli di non farsi influenzare dai farisei e da Erode (14-15). Che cosa intende? Abbiamo visto l’errore più grande dei farisei negli Avvenimenti d e d’ nel Blocco B di questa sezione: le loro tradizioni erano diventate più importanti della parola di Dio. Questa è una minaccia costante per i discepoli. Tradizioni utili (ad esempio un ‘momento di meditazione’ ogni giorno) potrebbero diventare più importanti per noi che la Bibbia stessa. Un altro aspetto del lievito dei farisei, è che esplicitamente chiedono una prova; in altre parole, si rifiutano di credere (vedi 8:11-13).

Cosa intende Gesù con il ‘lievito’ di Erode? La dettagliata storia della decapitazione di Giovanni il battista nel Blocco A ci dà la risposta. Nei versetti 6:17-20 Marco riporta che a Erode piaceva ascoltare Giovanni il battista e che lo proteggeva, “sapendo che era uomo giusto e santo” (20). Fa, però, una promessa avventata alla figlia di Erodiade, che, influenzata dalla madre, chiede la testa di Giovanni il battista (25). Immediatamente leggiamo questo: “Il re ne fu molto rattristato; ma, a motivo dei giuramenti fatti e dei commensali, non volle dirle di no” (26). Il lievito di Erode è la disubbidienza alla parola di Dio per timore della reazione degli altri alla nostra ubbidienza.

Quindi abbiamo qui una parte essenziale della preparazione dei discepoli: “Guardatevi dal lievito dei farisei e dal lievito di Erode!” (8:15). Le nostre tradizioni e il nostro timore degli altri potrebbero trattenerci dall’essere fedeli seguaci di Gesù.

Ma Gesù si rende conto che i discepoli sono profondamente confusi: loro credono che stia parlando del pane! Quindi è perplesso: “Avete occhi e non vedete, avete orecchi e non udite?” (18), e va avanti mettendo alla prova la loro memoria sui dettagli dei miracoli. Però loro sono ancora confusi sull’identità dell’uomo che li ha compiuti: “E diceva loro: ‘Non capite ancora?’” (21).

Gesù guarisce un cieco in due tempi (8:22-26)

Come abbiamo visto all’inizio della Sezione tre, questa guarigione è la sezione centrale di un ‘panino di Marco’ che inizia nel versetto 14 e finisce nel versetto 30. È veramente un avvenimento strano: gli altri evangelisti forse hanno deciso di non raccontarlo, in quanto avrebbe potuto essere facilmente frainteso. Non sappiamo proprio perché la guarigione accada in due tempi.

Ma, dal contesto, sappiamo le conclusioni a cui Marco vuole che arriviamo. La vista spirituale non ci arriva mai in un istante; arrivare a vedere chi è Gesù e ciò che significa per noi è un processo, durante il quale Gesù ci apre gradualmente gli occhi alla verità che abbiamo bisogno di vedere. Nel versetto 25 Marco scrive queste parole: "Allora gli pose di nuovo le mani sugli occhi; ed egli guardò e fu guarito e vedeva ogni cosa chiaramente".

Non è un processo che finisce quando si diventa cristiani. Un discepolo non deve mai commettere l'errore di pensare di conoscere Gesù a sufficienza; mentre ci istruisce, il suo obiettivo più importante è di aprire i nostri occhi per vederlo più chiaramente.

Pietro riconosce in Gesù il Messia (8:27-30)

Con la conclusione del 'panino' giungiamo al punto culminante della Sezione tre. Vedremo quanti progressi hanno fatto i discepoli nel programma di preparazione nel quale Gesù li ha guidati.

Cesarea di Filippo, quasi al confine settentrionale d'Israele, è una regione nella quale succede poco; è come se Gesù appendesse un cartello dicendo: "Non disturbare per favore". Ora, dopo aver sentito i commenti della folla sulla sua identità, Gesù pone la domanda cruciale: "E voi, chi dite che io sia?" (29).

Nell'usare la parola "voi" nella domanda Gesù indica che lui sa che i discepoli avevano discusso fra di loro. Così Pietro risponde per conto di tutti: "Tu sei il Cristo" (29). Questa risposta è straordinaria: Gesù è il salvatore promesso da Dio molto tempo prima nell'Antico Testamento. Pietro e i suoi amici avevano osservato, ascoltato, riflettuto e imparato; Gesù, in un senso spirituale, da tempo stava mettendo le sue mani sui loro occhi (cfr. 25) e ora, finalmente, possono vedere.

La preparazione della Sezione tre è ora completa, benché i discepoli abbiano ancora molto da imparare. Marco ha finito la prima metà del Vangelo e sicuramente vuole che immaginiamo Gesù che si gira verso di noi e ci chiede: "Chi dite che io sia?".

Questa è una delle domande più importanti che ci saranno mai rivolte e la risposta che daremo cambierà la nostra vita per sempre.

Imparare a memoria il Vangelo

Una volta ancora, inizia con il Blocco B. Marco ci ha reso le cose semplici: ricorda che il blocco inizia e finisce con la moltiplicazione dei pani per sfamare una moltitudine. Negli Avvenimenti d e d' vediamo Gesù che si confronta con la religione giudaica del primo secolo. Prima di questo ci sono tre incontri con dei Giudei e poi tre incontri con dei Gentili.

I 'panini di Marco' nei Blocchi A e C li rendono facili da imparare. Ricordati che il tema della Sezione tre è la preparazione e così tutto avrà presto un senso. Sono sicuro che Marco ha scritto il suo Vangelo per essere imparato; e sono sicuro che ti piacerà non appena inizierai!

La preparazione

A	Gesù manda in missione i dodici La morte di Giovanni il battista I dodici ritornano da Gesù	4
B	a Moltiplicazione dei pani per 5000 b Gesù cammina sul mare c Gesù guarisce i malati di Gennesaret	2
	d La parola di Dio e la tradizione umana d' Cosa rende impure le persone?	1
	c' Gesù e la donna sirofenicia b' Gesù guarisce un sordomuto a' Moltiplicazione dei pani per 4000	3
C	I farisei chiedono un segno La confusione dei discepoli Gesù guarisce un cieco in due tempi Pietro riconosce in Gesù il Messia	5

A+C:	Erode (6:14 / 8:15)
Logica B:	d, d': Confronto con le autorità giudaiche a, b, c: Incontri con i Giudei c', b', a': Incontri con i Gentili

Incontrare il Signore

Prova a fare una passeggiata e a parlare con il Signore di tutte le cose che compie nella Sezione tre per formare i discepoli e aprire loro gli occhi. Credo che ti troverai a ringraziarlo e ad adorarlo quando ti renderai conto che egli è all'opera anche nella tua vita.

Se hai riconosciuto che Gesù è il Messia vuol dire che lui ti sta aprendo gli occhi. Ma c'è ancora molto da vedere! Chiedigli di aiutarti a evitare il lievito dei farisei e di Erode e, soprattutto, di aiutarti a vederlo più chiaramente.

Questo Vangelo non tratta solo di Gesù e dei suoi discepoli nel primo secolo; tratta anche di Gesù e di te nel ventunesimo secolo.

Prego che, parlando con lui, tu incontrerai nuovamente Gesù.

Sezione quattro:
Il costo (Marco 8:31-10:52)

I discepoli hanno capito chi è Gesù (8:29), ma hanno ancora tanto da imparare. Nella Sezione quattro, Marco ci presenta un Gesù che compie solo due miracoli e passa molto tempo da solo con i suoi discepoli. I suoi insegnamenti rispondono a due domande. Quale sarà il prezzo che Gesù dovrà pagare per portare a uomini e donne il perdono dei peccati? E quale sarà il prezzo che i discepoli dovranno pagare per seguire Gesù?

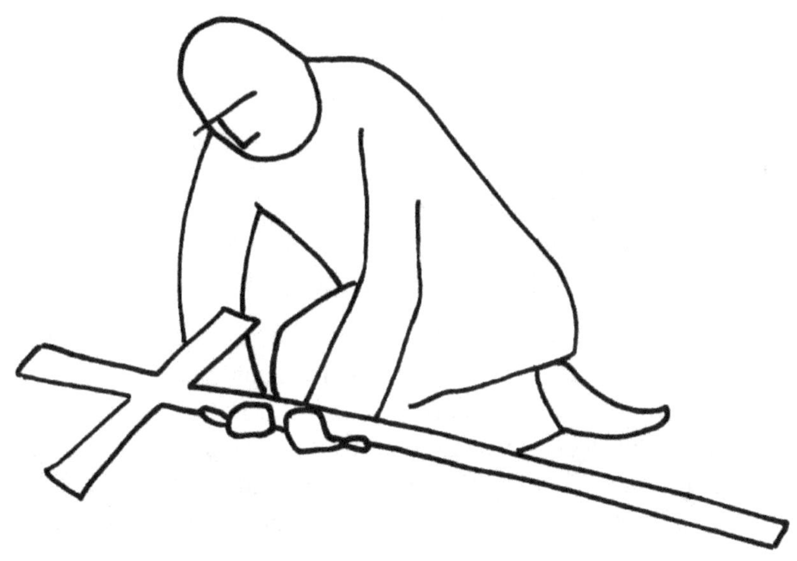

Se uno vuol venire dietro a me,
rinunci a se stesso, prenda la sua croce e mi segua.
(Marco 8:34b)

Godersi il panorama

Blocco A (8:31-9:29)

Primo annuncio della Passione (8:31-33)
La chiamata al discepolato (8:34-9:1)
La trasfigurazione (9:2-13)
Gesù guarisce un indemoniato (9:14-29)

Blocco B (9:30-10:31)

a	9:30-32	Secondo annuncio della Passione
b	9:33-37	"Io sono il più grande"
c	9:38-41	"Noi siamo gli unici"
d	9:42-50	"Il peccato non importa"
d'	10:1-12	Come considerare il matrimonio
c'	10:13-16	Come considerare i bambini
b'	10:17-27	Come considerare i propri beni
a'	10:28-31	Le ricompense del discepolato

Blocco C (10:32-52)

Terzo annuncio della Passione (32-34)
La richiesta di Giacomo e Giovanni (35-45)
Gesù guarisce Bartimeo, il cieco (46-52)

Siccome questa sezione contiene tre annunci simili di Gesù sulla sua morte (10:45 è leggermente diverso), Marco ha deciso di usare un annuncio per iniziare ciascun blocco. Ancora una volta, il Blocco B ha una struttura facile da identificare: gli Avvenimenti b, c e d riassumono tre errori che dei discepoli possono facilmente commettere; gli Avvenimenti d', c' e b' ci presentano tre aree nelle quali i discepoli di Gesù devono essere radicalmente diversi dal mondo intorno a loro. Ancora una volta, Marco ha strutturato la sezione molto attentamente.

Quello che lega il Blocco A al Blocco C (oltre al primo e al terzo annuncio) è il tema del seguire Gesù. In 8:34 Gesù dice alla folla: "Se uno vuol venire dietro a me, rinunci a se stesso, prenda la sua croce e mi segua". Poi nell'ultimo versetto della Sezione quattro, alla fine del Blocco C, Bartimeo, ora in grado di vedere Gesù, inizia a seguirlo (10:52).

Anche se la Sezione quattro pone l'enfasi sul costo del discepolato, c'è un altro elemento al quale vale la pena prestare attenzione. Ciò che motiva Gesù ad andare alla croce, e quello che può motivare i discepoli a sequirlo, è la certezza della gloria futura (vedi, ad esempio, 9:2-8, 41; 10:29-30, 37).

Con queste cose nella mente, ecco un'ottima opportunità per leggere l'intera Sezione quattro, per cogliere il senso della struttura. Sentiti libero di fermarti ogni tanto nella lettura per adorare e pregare.

Tirar fuori il contenuto

Blocco A (8:31-9:29)

Il primo annuncio della Passione (8:31-33)

Marco ha scelto molto attentamente le parole del versetto 31: "Poi cominciò a insegnare loro che era necessario che il Figlio dell'uomo soffrisse molte cose". Nelle prime tre sezioni del Vangelo, Gesù non ha parlato apertamente della sua morte; solo ora, dopo che i discepoli hanno finalmente capito che lui è il Messia, Gesù inizia a spiegare loro che tipo di Messia sarebbe stato. Il glorioso Figlio dell'uomo (cfr. Daniele 7:13-14) *deve* soffrire, non perché i capi dei Giudei sono più forti di lui, ma perché questo è il piano di Dio per la salvezza del mondo.

Ma Pietro non ne vuol sentire parlare. Infatti "lo prese da parte e cominciò a rimproverarlo" (32). Le aspettative dei Giudei del primo secolo di un Messia politico che avrebbe liberato il suo popolo dall'occupazione romana, erano date per scontate. Pietro chiaramene condivide queste aspettative. Ma sembra comunque strano che, avendo appena riconosciuto Gesù come il salvatore promesso da Dio, adesso gli dice come dovrebbe compiere la volontà di Dio.

Il rimprovero che Gesù rivolge a Pietro è scioccante. Gli disse: "Vattene via da me, Satana! Tu non hai il senso delle cose di Dio, ma delle cose degli uomini" (33). Per Gesù questo episodio è stato chiaramente una tentazione: umanamente parlando egli avrebbe voluto evitare la croce. Forse l'inizio del versetto 33 ci fa capire come Gesù resistette alla tentazione: "Ma Gesù si voltò e, guardando i suoi discepoli, rimproverò Pietro". Soltanto il Vangelo di Marco include il dettaglio che Gesù li guardò tutti prima di rimproverare Pietro. Pietro probabilmente non ha mai dimenticato questo momento e ha trasmesso questo ricordo a Marco. Guardando i suoi discepoli, Gesù ricorda a se stesso che i suoi amici non potranno mai essere perdonati se lui rifiuta di morire. Ciò che gli dà la forza di andare alla croce è il suo amore per loro.

La chiamata al discepolato (8:34-9:1)

L'attenzione si sposta dal costo che dovrà pagare Gesù a quello che dovranno pagare i discepoli per seguirlo. Gesù si rivolge anche alla folla (34) e il messaggio è chiaro: i discepoli che seguono un Messia sofferente devono aspettarsi a loro volta di soffrire. È doloroso rinnegare se stessi, rifiutare di vivere un'esistenza egocentrica; le persone che prendono la propria croce accettano la possibilità di dover affrontare il martirio. Ecco che vuol dire seguire Gesù.

Nei versetti 35 e 36 Gesù ci spiega perché vale la pena fare questo passo radicale. Ecco come lo ha spiegato anche Jim Elliot, uno dei cinque martiri che nel 1956, cercarono di portare il vangelo agli indiani Auca in Sud America: "Non è un pazzo colui che rinuncia a ciò che non può conservare, per ottenere ciò che non può perdere".

Gesù quindi avverte i suoi ascoltatori che, chi si vergognerà di lui e delle sue parole, "il Figlio dell'uomo si vergognerà di lui quando verrà nella gloria del Padre suo con i santi angeli" (38). Qui vale la pena notare che Gesù vede se stesso come qualcosa di più di un Figlio dell'uomo, infatti parla del suo ritorno nella 'gloria del Padre suo' definendosi allo stesso tempo Figlio di Dio (vedi 1:11, 3:11).

L'interpretazione più ovvia del capitolo 9, versetto 1 (vedi i commentari per una esposizione completa) è che Gesù si riferisce alla sua trasfigurazione, che sarà un'anteprima della sua gloriosa venuta alla fine dei tempi. Marco sembra cogliere questo collegamento perché non ci dice nulla su quello che succede nei giorni che intercorrono tra i versetti 1 e 2.

La trasfigurazione (9:2-13)

La franchezza di Gesù nel parlare del costo del regno, sia per lui (8:31-33) sia per quelli che vogliono seguirlo (8:34-38), può aver dato ai discepoli l'opportunità di riflettere sulla loro decisione. In ogni caso, il ricordo di questa rivelazione della gloria divina di Gesù darà a Pietro, Giacomo e Giovanni il coraggio di perseverare, anche davanti a grande opposizione.

Mosè ed Elia sono con Gesù sulla montagna (4), ma solo Gesù è trasfigurato. Forse Mosè ed Elia rappresentano l'intera rivelazione dell'Antico Testamento: la Legge e i Profeti; ma hanno anche qualcos'altro in comune. Dio aveva stabilito un patto con Israele tramite Mosè (vedi Esodo 24:8), Elia però aveva visto chiaramente che Israele aveva infranto il patto (vedi 1 Re 19:10). Quindi Dio promette un nuovo patto (vedi ad esempio Geremia 31:31-34, Gioele 2:28-32, Ezechiele 36:24-27). È Gesù che renderà reale questo nuovo patto come Giovanni battista aveva sottinteso all'inizio del Vangelo (vedi 1:8) e come Gesù stesso dirà chiaramente alla fine (vedi 14:24). Ecco perché ha un senso la presenza di Mosè ed Elia.

Pietro corre il pericolo di non notare una reale distinzione tra Mosè, Elia e Gesù, come dimostra la sua proposta nel versetto 5. Quindi adesso, per la seconda volta nel Vangelo, Dio il Padre parla dal cielo: "Questo è il mio diletto Figlio; ascoltatelo" (7). Al battesimo di Gesù, le parole erano dirette a Gesù (vedi 1:11); qui, alla trasfigurazione sono rivolte a Pietro, Giacomo e Giovanni. La frase in più "ascoltatelo!" ricorda le parole di Mosè sul Profeta-Messia che un giorno sarebbe venuto (vedi Deuteronomio 18:15). Con Gesù queste parole si sono adempiute.

Al ritorno dalla montagna i tre discepoli si chiedono cosa voglia dire Gesù con "risuscitare dai morti" (9-10), ma, probabilmente avendo appena visto Elia, loro fanno un'altra domanda: "Perché gli scribi dicono che prima deve venire Elia?" (11). Gesù risponde che i teologi hanno ragione (vedi Malachia 3:1; 4:5) perché Elia è già venuto. Il riferimento è a Giovanni il battista, che non era la reincarnazione di Elia (un'idea simile contraddirebbe l'insegnamento della Bibbia) ma un tipo di Elia (vedi, ad esempio, Luca 1:13-17), che avrebbe preparato la via per Gesù. Il versetto 13 ci ricorda che il costo del discepolato era già presente nella Sezione tre (6:14-29).

Gesù guarisce un indemoniato (9:14-29)

Questo è l'ultimo avvenimento nel Blocco A e Marco potrebbe aver usato la sua tecnica a 'panino' per narrarlo. I versetti 14-19 e i versetti 28 e 29 parlano di Gesù e del problema dell'incapacità dei nove discepoli di guarire un ragazzo, mentre i versetti 20-27 ci mostrano i passi di Gesù per compiere il miracolo. Il tema chiave di tutte e tre le sezioni è la fede, indispensabile per tutti coloro che vogliono seguire Gesù.

Nei versetti 14-19 Gesù, Pietro, Giacomo e Giovanni tornano dall'esperienza avuta sulla cima della montagna a un mondo sofferente (rappresentato qui da un padre e da suo figlio, 17-18) e all'incapacità dei nove discepoli. Così come il padre spiega: "Ho detto ai tuoi discepoli che lo scacciassero, ma non hanno potuto" (18b).

Gesù spiega questo insuccesso con la mancanza di fede: "O generazione incredula! Fino a quando sarò con voi? Fino a quando vi sopporterò?" (19a).

Nei versetti 20-27 Gesù parla con il padre della condizione del figlio, e ancora una volta, il problema è la mancanza di fede. Nella sua afflizione l'uomo esclama: "Ma tu, se puoi fare qualcosa, abbi pietà di noi e aiutaci" (22). La risposta di Gesù è rapida "Dici: 'Se puoi!' Ogni cosa è possibile per chi crede" (23). La reazione del padre è disperata: "Io credo; vieni in aiuto alla mia incredulità" (24). Quindi Gesù guarisce il bambino prima che arrivino troppi spettatori (25-27).

Il tema della fede è presente anche nei versetti 28 e 29. Quando i discepoli chiedono a Gesù di spiegare la loro inabilità di scacciare il demone, nonostante egli avesse dato loro l'autorità di farlo (vedi 3:15 e 6:7,13), Gesù risponde: "Questa specie di spiriti non si può fare uscire in altro modo che con la preghiera" (29).

C'è chiaramente un legame tra preghiera e fede, e anche tra incredulità e la mancanza di potenza nelle cose spirituali. Il messaggio è chiaro: i discepoli devono imparare a fidarsi non dei loro doni e neanche dell'autorità che Gesù ha dato loro, ma di Dio. E questa fede condurrà inevitabilmente alla preghiera.

La preparazione dei discepoli non si è conclusa alla fine della Sezione tre. Continua qui, all'inizio della Sezione quattro; essi, stanno imparando che Gesù, il Messia, è il Figlio dell'uomo e il divino Figlio di Dio, che deve morire e risuscitare e che seguirlo significa rinunciare alla propria vita e avere fiducia non della loro capacità, ma della sua.

Blocco B (9:30-10:31)

a – Secondo annuncio della Passione (9:30-32)

Marco mette molto in chiaro qual era la preoccupazione primaria di Gesù nel Blocco B: "Attraversarono la Galilea; ma egli non voleva che si sapesse. Infatti stava istruendo i suoi discepoli" (30-31). Questo secondo annuncio è meno specifico del primo (vedi 8:31), ma basta per spaventare i discepoli: "Ma essi non capivano le sue parole e temevano d'interrogarlo" (32).

Tre errori che commettono i discepoli (9:33-50)

b – "Io sono il più grande" (9:33-37)

I discepoli sono imbarazzati quando Gesù chiede di che cosa stessero parlando; Marco ci dice che "avevano discusso tra di loro chi fosse il più grande" (34). Gesù usa questo come un'opportunità d'insegnamento e spiega che lo spirito di servizio è l'elemento caratteristico della grandezza (35). Gesù usa un bambino piccolo come un potente aiuto visivo: le persone che si credono importanti non hanno tempo per dei bambini 'insignificanti', ma i suoi discepoli devono essere diversi (36-37).

c – "Noi siamo gli unici" (9:38-41)

Questo secondo errore parte dal discepolo che avrebbe più tardi, nelle sue lettere, accentuato l'importanza dell'amore: "Giovanni gli disse: 'Maestro, noi abbiamo visto uno che scacciava i demòni nel tuo nome e glielo abbiamo vietato perché non ci seguiva'" (38). "Non glielo vietate", dice Gesù (39) "chi non è contro di noi, è per noi" (40).

Con questo Gesù non sta dicendo che hanno tutti ragione, qualunque cosa essi credano: Marco ci dice tre volte in quattro versetti che la cosa essenziale è che tutto sia fatto nel nome di Gesù (38, 39, 41), fidandosi della sua autorità e potenza e guardando alla sua gloria. I discepoli devono imparare a non essere orgogliosi e settari, ma ad aprirsi a tutti quelli che seguono Gesù.

Dovremmo notare qui anche il fatto che Gesù fa riferimento a future ricompense per i discepoli fedeli (41). La visione di una futura gloria darà ai suoi seguaci il coraggio di vivere per lui nel presente.

d – "Il peccato non importa" (9:42-50)

Questo paragrafo tratta della gravità del peccato. A volte induciamo altre persone a peccare, dice Gesù (42) e, a volte, induciamo noi stessi a peccare (43-49). Gesù chiarisce qui che dire che il peccato non importa vuol dire giocare con il fuoco (quasi letteralmente, 43b, 48). I suoi commenti sul tagliare una mano o un piede e cavare un occhio sono esagerazioni intenzionali, che hanno lo scopo di accentuare la necessità di un'azione radicale contro il peccato. La mano può riferirsi a qualcosa che faccio, il piede a qualche posto dove vado e l'occhio a qualcosa che guardo. Ma, di qualsiasi situazione si tratti, i discepoli non devono prendere il peccato alla leggera.

Come abbiamo già visto, Marco ci ha detto che i discepoli discutevano strada facendo (34). Adesso, al versetto 50, Gesù dice loro: "Abbiate del sale in voi stessi e state in pace gli uni con gli altri". Quindi questi tre errori si legano uno all'altro e sono abbastanza comuni oggi tra i cristiani. Se ci paragoniamo ad altri ("Io sono il più grande"), se cerchiamo di escludere altri che probabilmente seguono Gesù proprio come noi ("Noi siamo gli unici"), o ignoriamo la gravità del peccato ("Il peccato non importa"), non saremo discepoli efficaci di Gesù.

Tre aree nelle quali i discepoli dovrebbero essere diversi (10:1-27)

d' – Come considerare il matrimonio (10:1-12)

In questo paragrafo i farisei arrivano con una domanda sul divorzio (2). La domanda è a trabocchetto, ma Gesù la usa come un'altra opportunità di insegnamento. L'enfasi principale, comunque, non è sul divorzio ma sul matrimonio: nei versetti 5-9 Gesù cita i primi due capitoli di Genesi per rendere chiaro lo scopo originario di Dio nell'inventare il matrimonio e conclude: "L'uomo, dunque, non separi quel che Dio ha unito" (9).

Anche se Gesù ammette che il divorzio in certi casi può essere permesso, rende chiaro il fatto che esso va sempre contro l'intenzione originaria di Dio (5-6). I discepoli ascoltano (10-12): devono imparare che i seguaci di Gesù non devono sposarsi in modo sconsiderato; per i discepoli cristiani, il matrimonio è per tutta la vita.

c' – Come considerare i bambini (10:13-16)

Tramite la struttura a specchio del Blocco B, Marco ha collegato gli Avvenimenti c e c': in entrambi i casi i discepoli cercano di impedire ad altre persone di servire o di avvicinarsi a Gesù. Qui, i genitori vengono rimproverati (13) per aver portato i loro bambini da Gesù; probabilmente i discepoli pensano che la loro conversazione con Gesù sia più importante.

Nel primo secolo, i bambini erano considerati poco, perciò l'indignazione di Gesù ha probabilmente stupito i discepoli: "Lasciate che i bambini vengano da me; non glielo vietate, perché il regno di Dio è di chi è come loro" (14).

Ci sono due lezioni principali qui: il regno di Dio è aperto a chi è pronto a riceverlo come un bambino riceverebbe un regalo (15); inoltre i discepoli non devono mai pensare che i bambini hanno poco valore.

b' – Come considerare i propri beni (10:17-27)

Marco adesso ci fa conoscere una persona che è determinata a ricevere la vita eterna. Questo giovane corre da Gesù e s'inginocchia davanti a lui (17). Ma nonostante quest'apparente atto di umiltà, egli è sicuro del proprio prestigio, basato sulla sua virtù (18-20) e i suoi beni (21-22). Questo tema del prestigio ci ricorda i discepoli che nell'Avvenimento b (9:33-37) litigavano su chi fosse il più grande.

Gesù è attirato da questa persona: "Guardatolo, l'amò" (21). Perciò Gesù gli dice quello che ha bisogno di sentire: "Va', vendi tutto ciò che hai e dàllo ai poveri e avrai un tesoro in cielo; poi vieni e seguimi" (21).

Questa non è una condizione per tutti gli aspiranti discepoli, ma tutti coloro che vogliono entrare nel regno di Dio devono rinunciare a tutto quello che per loro è più importante di Gesù e del vangelo (cfr. 29). Questa è una grande sfida per quanti di noi sono cresciuti in un cultura così tanto materialista da non rendersi più conto della presa che le ricchezze hanno su di noi.

Il costo del discepolato a volte è troppo alto: "Ma egli, rattristato da quella parola, se ne andò dolente perché aveva molti beni" (22). E Gesù lo guarda andar via: egli non accetta di prendere il secondo posto nella vita di coloro che lo vogliono seguire.

Tutto questo per i discepoli è un colpo terribile. Come abbiamo già visto, per loro, il prestigio era una cosa importante (vedi l'Avvenimento b), ed essendo dei Giudei del primo secolo, erano propensi a credere che le persone ricche fossero più vicine a Dio delle persone povere: "Ed essi sempre più stupiti, dicevano tra di loro: 'Chi dunque può essere salvato?'" (26). La risposta di Gesù ha lo scopo di sottolineare sia l'incapacità umana di far entrare chiunque nel regno sia la capacità di Dio di farlo: "Agli uomini è impossibile, ma non a Dio; perché ogni cosa è possibile a Dio" (27). È rilevante il fatto che Gesù guarda ancora una volta i suoi discepoli (cfr. 8:33) prima di accentuare la debolezza umana.

Dovrebbe essere ovvio che il discepolato coinvolge ogni aspetto della vita, non solo le attività che noi magari chiamiamo 'religiose'. Invece qui, negli Avvenimenti d', c' e b', Marco ha sottolineato tre aree nelle quali i seguaci di Gesù devono essere radicalmente diversi dal mondo intorno a loro: nei confronti del matrimonio, dei bambini e dei propri beni. Comunque egli termina il Blocco B con Gesù intento a spiegare che i discepoli ricevono sempre più di quello che lasciano.

a' – Le ricompense del discepolato (10:28-31)

Questi versetti non si applicano solo ai missionari che vanno in un altro paese! Ogni discepolo è chiamato a far proprie le priorità di Gesù e del vangelo (29). È affascinante vedere la differenza tra i due elenchi nei versetti 29 e 30. Il secondo elenco promette ai discepoli persecuzione in questa vita e vita eterna in quella a venire, rispecchiando la morte e la risurrezione di Gesù nell'Avvenimento a (vedi 9:31). Un'ulteriore differenza è che il discepolo riceve "cento volte tanto" di ciò che lascia (30).

Ma c'è anche un'altra differenza che viene spesso trascurata. La parola 'padri' manca dal secondo elenco nel versetto 30. Il messaggio è chiaro: mentre il discepolo ha bisogno di sostituti per fratelli, sorelle e madri nella famiglia di Dio, non ha bisogno di padri, perché tramite Gesù ha scoperto l'amore del Padre celeste.

Quindi il Blocco B non parla solo del costo del discepolato. Gesù accentua anche le ricompense, sia in questa vita sia nella vita a venire. Questa visione del futuro è quello che ci può motivare a seguire Gesù.

Marco chiude il Blocco B con il riassunto che Gesù fa sugli effetti del regno di Dio: “Ma molti primi saranno ultimi e gli ultimi, primi” (31). Man mano che uomini e donne rinunciano al peccato (vedi gli Avvenimenti b, c e d) e adottano un nuovo stile di vita (vedi gli Avvenimenti d’, c’ e b’), le aspettative umane subiscono un capovolgimento divino. Ecco perché il costo del discepolato risulta essere un prezzo piccolo da pagare per la vita nel regno.

Blocco C (10:32-52)

Terzo annuncio della Passione (10:32-34)

Gesù va davanti ai discepoli nel cammino verso Gerusalemme (32), probabilmente perché nessuno aveva voglia di andarci: i discepoli sono ancora una volta sconvolti e gli altri, che erano con loro, sono spaventati. L’annuncio della Passione che segue è il più dettagliato dei tre e descrive la sofferenza di Gesù prima della sua morte per mano dei Gentili (33-34). Questa volta Marco non ci riporta la reazione dei discepoli; la crisi che incombe sfocia in una rinnovata preoccupazione per la loro condizione futura (35-45).

La richiesta di Giacomo e Giovanni (10:35-45)

È chiaro che i discepoli non hanno imparato la lezione di 9:33-37. Giacomo e Giovanni vogliono i posti migliori nel regno di Dio (37); quando poi gli altri discepoli lo sanno, sono furiosi, non a causa della mancanza di umiltà dei fratelli, ma probabilmente perché Giacomo e Giovanni sono riusciti ad avanzare per primi le loro richieste (41). Almeno questi due hanno capito che ci sarà un regno glorioso e che la gloria apparterrà a Gesù: “Concedici di sedere uno alla tua destra e l’altro alla tua sinistra nella tua gloria” (37). Devono ancora comprendere molte cose sul discepolato.

Seguire Gesù significa tre cose. In primo luogo la sofferenza: il calice (cfr. 14:36) e il battesimo sono immagini della sofferenza che Giacomo e Giovanni non vorrebbero condividere, nonostante la fiducia in loro stessi (38-39). In secondo luogo, seguire Gesù significa sottomissione: è il Padre che decide la distribuzione delle ricompense e la posizione nel regno di Dio (40). In terzo luogo, discepolato significa servizio, non supremazia sugli altri (42, cfr. 1 Pietro 5:3): “Ma non è così tra di voi; anzi, chiunque vorrà essere grande fra voi sarà vostro servitore; e chiunque tra di voi vorrà essere primo sarà servo di tutti” (43-44).

Gesù stesso ha lasciato questo esempio: “Poiché anche il Figlio dell’uomo non è venuto per essere servito, ma per servire e per dare la sua vita come prezzo di riscatto per molti” (45). Per la prima volta nel

Vangelo Gesù spiega *lo scopo* della sua morte. Il versetto 45 racchiude, per quanti vogliono comprendere, una verità fondamentale della fede cristiana. La morte di Gesù, nonostante i complotti dei Giudei e dei Gentili (vedi 10:33), sarà volontaria ("per *dare* la sua vita") e sarà un sacrificio per il peccato (la parola 'riscatto' richiama il servo sofferente di Isaia 53:10) spinto dall'amore verso gli altri (vedi Isaia 53:12). Ma soprattutto la sua morte è la ragione principale per cui Gesù è venuto al mondo (45).

Marco non ci dice come rispondono i discepoli a questa affermazione; forse perché vuole permettere a noi, i suoi lettori, di dare la nostra risposta.

Gesù guarisce Bartimeo, il cieco (10:46-52)

Anche se è cieco, Bartimeo riesce a vedere qualcosa che la folla non vede: Gesù di Nazaret è il Figlio di Davide, il Messia (47-48). Quindi chiede aiuto e, quando la folla gli dice di stare zitto, Marco racconta che "quello gridava più forte" (48). La domanda di Gesù: "Che cosa vuoi che ti faccia?" (51) sembra fatta apposta per rivelare se Bartimeo ha fede o no; proprio come nel caso della guarigione del ragazzo indemoniato nel Blocco A, la fede è essenziale (vedi 9:23-24) ovunque la potenza trasformatrice di Gesù si manifesti.

Dopo la guarigione, Bartimeo seguiva Gesù lungo la strada (52). Ovviamente Marco, alla fine del Blocco C, per "seguiva" intende, letteralmente, un'azione fisica; ma sicuramente vuole che la colleghiamo con le parole di Gesù quasi all'inizio del Blocco A: "Se uno vuol venire dietro a me, rinunci a se stesso, prenda la sua croce e mi segua" (8:34).

Perché alla fine della Sezione quattro, abbiamo un'idea molto più chiara sul costo del discepolato rispetto all'inizio. Coloro che vogliono seguire Gesù devono rinunciare al loro egocentrismo ("Io sono il più grande", "Noi siamo gli unici", "Il peccato non importa") e vivere con un nuovo atteggiamento riguardo al matrimonio, ai bambini e alle ricchezze (9:33-10:27). Ma Marco non vuole che ci facciamo un'idea sbagliata: vale la pena seguire Gesù (10:28-31) e, come esempio da seguire, ci dice la decisione di Bartimeo di diventare un discepolo di Gesù.

Questa è una lezione per tutti noi. Abbiamo bisogno di avere una visione. La speranza cristiana di una gloria futura è ciò di cui hanno bisogno i discepoli per seguire Gesù, ora. Pietro, Giacomo e Giovanni hanno avuto questa visione: hanno visto Gesù trasfigurato nel glorioso Figlio di Dio, e non l'hanno mai dimenticato (vedi 2 Pietro 1:16-18; 1 Pietro 4:12-14; 5:1,10). L'esperienza di Bartimeo ci incoraggia a pregare: "Signore, voglio vedere".

Imparare a memoria il Vangelo

Spero che prenderai del tempo per imparare la Sezione quattro; è facile da imparare e ti aiuterà a riscoprire Gesù e che cosa significa seguirlo. Inizia dal Blocco B, con la sua struttura chiara: secondo annuncio, tre errori che i discepoli commettono, tre aree nelle quali i discepoli dovrebbero essere diversi e la ricompensa del discepolato. Impara i titoli; potrai aggiungere altri dettagli più tardi.

Una volta assimilato il Blocco B, i Blocchi A e C non presenteranno alcuna difficoltà. E mentre impari la Sezione quattro, sono sicuro che farai quello che i primi cristiani fecero.

Il costo

Blocco	Contenuto	
A	Primo annuncio della Passione La chiamata al discepolato La trasfigurazione Gesù guarisce un indemoniato	4
B	a Secondo annuncio della Passione	1
	b "Io sono il più grande" c "Noi siamo gli unici" d "Il peccato non importa"	2
	d' Come considerare il matrimonio c' Come considerare i bambini b' Come considerare i propri beni	3
	a' Le ricompense del discepolato	1
C	Terzo annuncio della Passione La richiesta di Giacomo e Giovanni Gesù guarisce Bartimeo, il cieco	5

A+C: Seguire Gesù (8:34 / 10:52)

Logica B: a, a': Stessa dinamica
b, c, d: Tre errori che fanno i discepoli
d', c', b': Tre aree in cui i discepoli dovrebbero essere diversi

Incontrare il Signore

Mentre ripassi questa sezione, nella tua mente ci saranno molte cose che vorresti discutere con il Signore. Adora Gesù mentre lo vedi trasformare delle vite in risposta alla fede; prega per il tuo essere discepolo mentre segui i suoi insegnamenti nel Blocco B; ringrazialo per il prezzo che ha pagato per il tuo perdono e la riconciliazione con Dio. Più di ogni cosa, chiedigli di aprirti gli occhi per vedere la sua gloria.

Mentre fai questo, camminando per strada o inginocchiato nella tua stanza, prego che tu senta Gesù che tocca la tua vita, mostrandoti il passo successivo nell'avventura del discepolato e consentendoti di vedere la sua misericordia, la sua autorità e il suo amore in un modo nuovo. Riscoprirai Gesù.

Quando facciamo la stessa preghiera di Bartimeo, sperimenteremo quello che egli stesso ha sperimentato.

Sezione cinque:
Il giudizio (Marco 11:1-13:37)

Marco ha reso molto chiaro nella Sezione quattro che Gesù sa esattamente cosa gli accadrà a Gerusalemme (vedi, ad esempio, 10:32-34). Quando arriva, diventa evidente che i capi religiosi gli sono ancora assolutamente ostili. Il loro rifiuto di Gesù conduce al suo rifiuto di loro come capi del popolo di Dio. Questo giudizio è un tema fondamentale per tutta la Sezione cinque.

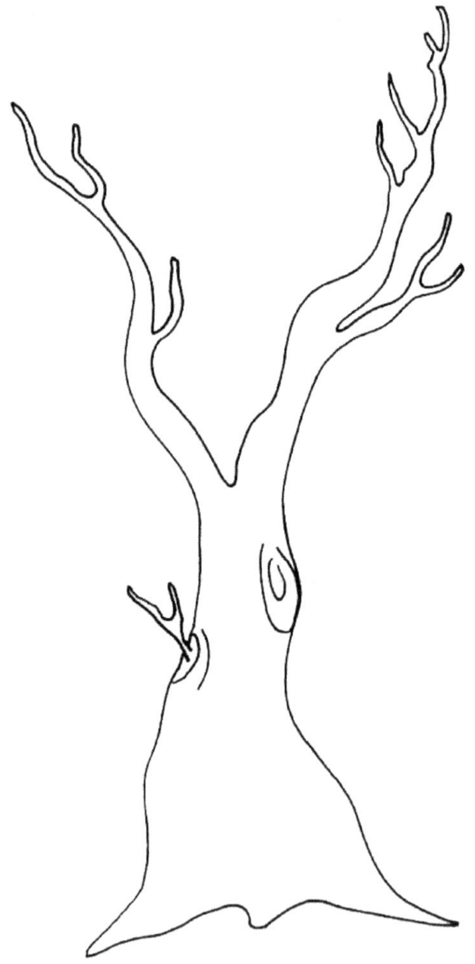

La mattina, passando, videro il fico seccato fin dalle radici.
(Marco 11:20)

Godersi il panorama

Blocco A (11:1-25)

Gesù entra a Gerusalemme (1-11)
Gesù maledice il fico (12-14)
Gesù scaccia i venditori dal tempio (15-19)
Gesù usa il fico per un insegnamento sulla preghiera (20-25)

Blocco B (11:27-12:44)

a	11:27-33	Dubbi sull'autorità di Gesù
b	12:1-12	La parabola dei vignaiuoli
c	12:13-17	Il tributo a Cesare
d	12:18-27	Il matrimonio alla risurrezione
d'	12:28-34	Il gran comandamento
c'	12:35-37	Una domanda sul Messia
b'	12:38-40	Avvertimento sui dottori della legge
a'	12:41-44	L'offerta della vedova

Blocco C (13:1-37)

La distruzione del tempio e la fine dei tempi (1-37)

Marco ci chiarisce l'inizio e la fine del Blocco B. In 11:27 Gesù entra nel tempio per l'ultima volta e in 13:1 lascia il tempio per l'ultima volta e, di nuovo, ci sono otto parti in questa sezione centrale collegate tra loro in una struttura a specchio (vedi sotto, *Tirar fuori il contenuto).*

La logica del Blocco B è la seguente: i primi quattro avvenimenti coinvolgono ascoltatori con un atteggiamento negativo verso Gesù, mentre gli ascoltatori degli Avvenimenti d', c', b' e a' hanno un atteggiamento positivo.

Il tempio ha un ruolo chiave nella Sezione cinque. Nel Blocco A, Gesù viene al tempio, nel Blocco B insegna nel tempio e nel Blocco C insegna sul tempio. Ma i blocchi A e C hanno in comune qualcosa di più specifico del tempio: l'albero di fico. Nel Blocco A Gesù maledice un fico (11:14, 20-21) e nel Blocco C racconta una breve parabola di un fico (13:28). Marco si è molto adoperato per rendere la struttura della sezione chiara e memorabile.

In questa sezione c'è un 'panino di Marco' molto importante. Nel Blocco A, l'attacco di Gesù all'uso improprio del tempio, da cui scaccia i cambiavalute e i loro colleghi, è inserito tra la maledizione del fico e la scoperta dei discepoli del fico seccato fin dalle radici (11:12-21).

Prima di esaminare il testo più nel dettaglio, sei pregato di leggere l'intera Sezione cinque. Immagina la scena, con la sua trama, le sue emozioni e le sue tensioni, e chiedi al Signore di renderla viva nella tua immaginazione.

Tirar fuori il contenuto

Blocco A (11:1-25)

Gesù entra a Gerusalemme (11:1-11)

Marco ci parla di Gesù che richiede un puledro da cavalcare per entrare in Gerusalemme (1-7), ma non ci dice perché questo è importante. Se l'entusiasmo della folla, all'arrivo di Gesù, è dovuto dalla consapevolezza che Gesù sta adempiendo la profezia messianica di Zaccaria 9:9, sembra strano che Marco non citi quel versetto. In ogni caso, la folla lo accoglie chiaramente come un re: "Molti stendevano sulla via i loro mantelli, e altri delle fronde che avevano tagliate nei campi" (8).

L'obiettivo non è Gerusalemme, ma il tempio (11). Questa è la prima volta, in questa sezione, che Gesù si reca nel luogo di culto di Israele; ne seguiranno altre due (vedi 15, 27). Nella prima occasione Gesù non fa altro che osservare la scena: "Dopo aver osservato ogni cosa intorno, essendo già l'ora tarda, uscì per andare a Betania con i dodici" (11). Marco ci prepara per ciò che succederà in seguito.

Gesù maledice il fico (11:12-14)

Il 'panino di Marco', che inizia qui, collega il fico con il tempio (12-21), quindi un lettore attento potrebbe concludere che il fico è una rappresentazione di Israele, un'immagine che trova conferma nell'Antico Testamento (vedi, ad esempio, Geremia 8:13). Così la maledizione del fico è un messaggio visivo di giudizio.

È irrilevante protestare che la maledizione del fico da parte di Gesù è ingiustificata. Anche se, come racconta Marco, "non era la stagione dei fichi" (13), Gesù ha tutte le ragioni per aspettarsi dei primi germogli commestibili, perché l'albero è in foglia. Così egli cerca i frutti, ma non ne trova. Questo è il significato della parte successiva del 'panino'.

Gesù scaccia i venditori dal tempio (11:15-19)

Ora, come nel versetto 11, Gesù va al tempio alla ricerca del frutto, ovvero delle qualità che devono essere presenti nel popolo di Dio. Ma non ne trova. Entra, come se fosse il padrone del luogo, rovescia i tavoli e scaccia sia chi compra sia chi vende. Spiega il suo comportamento accusandoli di aver ridotto quella “casa di preghiera” in “un covo di ladi” (17).

Il messaggio è chiaro. Gesù arriva al luogo sacro della religione ebraica e dovrebbe poter scorgere che lì Dio è conosciuto e adorato. Egli è più affamato del frutto spirituale di quanto non lo fosse per i primi fichi nel versetto 12. Ma non c’è nulla da vedere. Ci sono solo delle persone che usano il tempio come un mezzo per far soldi. Gesù vede che la religione ebraica è tutta foglie e niente frutto. Non c’è da meravigliarsi che agisca in giudizio.

“I capi dei sacerdoti e gli scribi udirono queste cose”, scrive Marco “e cercavano il modo di farlo morire” (18). Questa è la stessa decisione che i farisei e gli erodiani avevano già preso nel capitolo 3, versetto 6. Ma la ragione non è tanto l’ira per ciò che Gesù ha fatto nel loro tempio, ma piuttosto la paura di ciò a cui potrebbe portare la sua popolarità tra la gente (18).

Così Marco chiarisce che i capi dei Giudei hanno preso la loro decisione riguardo a Gesù e lui ha preso la sua decisione su di loro. Il giudizio è un tema importante nel Blocco A.

Gesù usa il fico per un insegnamento sulla preghiera (11:20-25)

Marco completa il suo ‘panino’ dicendoci che, il giorno dopo, i discepoli videro “il fico seccato fin dalle radici” (20). Pietro trova necessario persino di farlo notare a Gesù! (21)

Gesù ora coglie l’occasione di impartire ai suoi discepoli un insegnamento sulla preghiera, proprio il frutto che mancava nel tempio (17). La prima condizione per l’esaudimento della preghiera è la fede (22-24); la seconda è che le relazioni del discepolo con gli altri siano come dovrebbero essere (25). Anche se Gesù qui si riferisce al Padre che perdona, vale la pena ricordare che il conflitto di Gesù con i capi dei Giudei iniziò nella Sezione uno del Vangelo, quando proclamò di essere in grado di perdonare lui stesso i peccati (cfr. 2:5, 10).

Nel Blocco A si tracciano chiaramente le linee. Gesù esercita un giudizio e i capi dei Giudei sono determinati a liberarsi di lui. Nel Blocco B si arriverà allo scontro diretto.

Blocco B (11:27-12:44)

Quattro avvenimenti con ascoltatori con atteggiamento negativo (11:27-12:27)

a – Dubbi sull'autorità di Gesù (11:27-33)

Questo è il primo degli otto avvenimenti nel tempio che porteranno alle parole di giudizio che Gesù pronuncia nel Blocco C. I capi dei Giudei partono all'attacco: "Con quale autorità fai queste cose? O chi ti ha dato l'autorità di fare queste cose?" (28). Queste due domande si possono riferire al comportamento sorprendente di Gesù nel tempio (15-17) o forse alle sue precedenti guarigioni e agli esorcismi. Ma il problema non è ciò che Gesù ha fatto, ma con quale autorità l'ha fatto.

È interessante notare che Gesù schiva la domanda, forse perché sa che non racchiude una vera e propria ricerca della verità, oppure perché si rende conto che una risposta diretta provocherebbe una rivolta, se non qualcosa di peggio. La sua domanda, sull'origine del battesimo di Giovanni, mette in difficoltà i suoi avversari: "Se diciamo: 'dal cielo', egli dirà: 'Perché dunque non gli credeste?' Diremo invece: 'dagli uomini'?" (31-32). Marco spiega il loro problema alla fine del versetto 32: "Essi temevano il popolo, perché tutti pensavano che Giovanni fosse veramente profeta".

Quindi il problema dell'autorità non è risolto. Ma sono stati sparati i primi colpi. Ed è diventato chiaro che i capi dei Giudei, nella loro arroganza, sono alla ricerca di una scusa per farla finita con Gesù.

b – Parabola dei vignaiuoli (12:1-12)

Marco inizia questo paragrafo dicendoci che Gesù "poi cominciò a parlare loro in parabole" (1). Tuttavia, egli ne riporta una sola, che deve essere pertanto la più importante. Non è difficile capire il perché.

Come il fico nel Blocco A, il vigneto è un'immagine dell'Antico Testamento che si riferisce a Israele. I dettagli nel versetto 1 sono un richiamo intenzionale a Isaia 5:2: "Lo dissodò, ne tolse via le pietre, vi piantò delle viti scelte, vi costruì in mezzo una torre e vi scavò uno strettoio per pigiare l'uva". Gli ascoltatori di Gesù certamente riconoscono il riferimento e capiscono, anche, che gli agricoltori-inquilini sono i capi spirituali di Israele che, nei secoli, hanno rifiutato i profeti di Dio (2-7) e hanno fallito nel dare a Dio il frutto che gli dovevano.

Ora Gesù raggiunge il culmine della sua storia: "Aveva ancora un figlio diletto; glielo mandò per ultimo, dicendo: 'Avranno rispetto per mio figlio'" (6). La descrizione del figlio ricorda le parole del Padre su Gesù, sia durante il suo battesimo (1:11), sia durante la sua trasfigurazione (9:7) "Il mio diletto Figlio". Come doveva sentirsi Gesù nel dire lui stesso degli inquilini: "Così lo presero, lo uccisero e lo gettarono fuori dalla vigna" (8)!

La risposta del proprietario di uccidere gli inquilini e dare ad altri la vigna è seguita da una citazione dal Salmo 118 (che la folla aveva già citato in 11:9): "La pietra che i costruttori hanno rifiutata è diventata pietra angolare" (10). Ancora una volta, il messaggio è chiaro: Gesù, il Figlio del Padre, è la pietra che i capi di Israele rifiutano e che uccideranno; ma Dio lo costituirà capo di un rinnovato popolo di Dio.

Ancora una volta, Gesù spiazza i suoi avversari (12). E continua a provocarli più che mai.

c – Il tributo a Cesare (12:13-17)

Questa volta è il turno dei farisei e degli erodiani di cercare di intrappolare Gesù: due gruppi, uno religioso e uno laico, ora uniti, come lo erano stati all'inizio (cfr. 3:6), col proposito di distruggere il loro comune nemico. Dopo aver adulato ben bene Gesù, pongono la loro domanda: "È lecito, o no, pagare il tributo a Cesare?" (14).

La risposta di Gesù: "Rendete a Cesare quel che è di Cesare e a Dio quel che è di Dio" (17) suscita lo stupore generale. Naturalmente non risponde a tutte le domande su Chiesa e Stato. Ma Marco sottolinea per noi il fatto che la domanda non era onesta: "Ma egli, conoscendo la loro ipocrisia, disse loro: 'Perché mi tentate?'" (15, vedi anche 13). La domanda a trabocchetto era volta semplicemente a fornire un'occasione per farla finita con Gesù.

d – Matrimonio alla risurrezione (12:18-27)

I sadducei sono stati descritti come i teologi liberali della loro epoca; respingevano l'idea di una vita dopo la morte (18). La loro storia divertente, raccontata per mostrare quanto sia ridicola la dottrina della risurrezione nella pratica (19-23), riceve invece un forte rimprovero da parte di Gesù: "Non errate voi proprio perché non conoscete le Scritture né la potenza di Dio?" (24).

Siccome i sadducei accettavano esclusivamente l'autorità dei cinque libri di Mosè, Gesù continua a dimostrare la realtà della vita dopo la morte proprio dal libro dell'Esodo (26-27; Esodo 3:6).

Ancora una volta, la vera questione qui non è quella presentata dagli avversari di Gesù. La preoccupazione principale di Marco non è quella di impartire un insegnamento sulla risurrezione, ma di mostrarci che un gruppo influente del giudaismo del primo secolo poteva essere accusato da Gesù di non conoscere le Scritture.

Quattro avvenimenti con ascoltatori con atteggiamento positivo (12:28-44)

d' – Il gran comandamento (12:28-34)

Questo paragrafo ci presenta un capo dei Giudei diverso. Egli è colpito dalla capacità di dibattito di Gesù e così fa una domanda: "Qual è il primo di tutti i comandamenti?" (28). In risposta Gesù cita Deuteronomio 6:4-5 sull'amare Dio, e Levitico 19:18 sull'amare il prossimo (29-31).

Il dottore della legge è assolutamente d'accordo e la sua risposta merita di essere citata per intero: "Bene, Maestro! Tu hai detto, secondo verità, che egli è l'unico e che *non v'è alcun altro all'infuori di lui*; e che amarlo con tutto il cuore, con tutto l'intelletto, con tutta la forza, e amare il prossimo come se stesso, è molto più di tutti gli olocausti e i sacrifici" (32-33).

Gesù, a sua volta, è colpito dalla sua risposta: "Tu non sei lontano dal regno di Dio" (34). Perché risponde così? Sicuramente in quanto il dottore della legge conosce la differenza tra foglie e frutti, tra le attività religiose (per importanti che siano) e le giuste relazioni con Dio e gli altri.

Tramite la struttura a specchio Marco contrasta il dottore della legge dell'Avvenimento d' con i sadducei dell'Avvenimento d. Non conoscono le Scritture (24), ma il dottore della legge le conosce di certo: la sua risposta nei versetti 32 e 33 tradisce la conoscenza non solo del brano citato da Gesù, ma anche di brani come 1 Samuele 15:22, Osea 6:6, e Michea 6:6-8. Egli non solo conosce le Scritture ebraiche, ma ha anche fede in esse. Non c'è da stupirsi se Marco scrive: "E nessuno osava più interrogarlo" (34).

c' – Una domanda sul Messia (12:35-37)

La struttura a specchio del Blocco B collega questo avvenimento con l'Avvenimento c (vedi 12:13-17). Lì è stata posta a Gesù una domanda formulata per non poter essere risposta (benché Gesù riesca a rispondere!); ora è Gesù a fare una domanda a cui non c'è risposta. Se i dottori della legge chiamano il Messia figlio di Davide, allora come mai Davide si riferisce al Messia nel Salmo 110:1 chiamandolo suo Signore?

La risposta, naturalmente, è che la persona del Messia è sia il discendente umano di Davide sia il divino Figlio di Dio. Ma Marco lascia che siamo noi a cercare di comprenderlo. Ci dice semplicemente che "la gran folla lo ascoltava con piacere" (37).

b' – Avvertimento sui dottori della legge (12:38-40)

Marco ci ricorda ancora una volta che non sta riportando tutto l'insegnamento di Gesù: "Nel suo insegnamento egli diceva ..." (38). Interessante notare che vi è un indizio simile all'inizio dell'Avvenimento b (vedi 12:1), collegato a quest'ultimo dalla struttura a specchio. Ma i due avvenimenti hanno molto di più in comune.

Nei versetti 38-40 Gesù critica i dottori della legge per il loro orgoglio (38-39), la loro avidità (40a) e la loro ipocrisia (40b). In altre parole, le loro lunghe preghiere sono foglie senza frutto. Il giudizio di Gesù è devastante: "Costoro riceveranno una maggior condanna" (40c).

Ciò è un evidente legame con 12:9 nell'Avvenimento b: "Che farà dunque il padrone della vigna? Egli verrà, farà perire quei vignaioli e darà la vigna ad altri". Questa è, sicuramente, la severa punizione che attende quei capi d'Israele che non riescono a dare a Dio il frutto che gli è dovuto.

a' – L'offerta della vedova (12:41-44)

Gesù contrappone la generosità della vedova con la meschinità dei ricchi: "In verità io vi dico che questa povera vedova ha messo nella cassa delle offerte più di tutti gli altri: poiché tutti vi hanno gettato del loro superfluo, ma lei, nella sua povertà, vi ha messo tutto ciò che possedeva, tutto quanto aveva per vivere" (43-44).

Ma quando confrontiamo gli Avvenimenti a e a', scopriamo un altro contrasto. In 11:27-33 Gesù si rifiuta di rispondere alle domande poste da "i capi dei sacerdoti, gli scribi e gli anziani" (11:27). Ma qui, in 12:41-44, Gesù loda una vedova sola. Tutto quello che i capi avevano da offrire erano due domande a trabocchetto studiate per distruggere Gesù, mentre ciò che la vedova ha da offrire sono due monetine destinate a glorificare Dio.

Il Blocco B della Sezione cinque è una critica devastante di molte delle guide spirituali in Israele. Non sono riuscite ad avere la meglio su Gesù, ma la loro determinazione a porre fine alla sua vita e il loro rifiuto di dare a Dio il frutto di una vita dedicata a lui significa che il giudizio di Dio sarà certo. Ciò sarà uno dei temi principali nel Blocco C.

Blocco C (13:1-37)

La distruzione del tempio e la fine dei tempi (13:1-37)

Nel versetto 1 Marco ci dice che Gesù lascia il tempio. Gesù lo lascia fisicamente, ma di sicuro è un gesto che implica molto di più: il conflitto con i capi d'Israele significa che Gesù non tornerà mai più al tempio, anzi, ne predice la distruzione nel versetto 2.

La domanda che Pietro, Giacomo, Giovanni e Andrea chiedono al versetto 4 è cruciale: "Dicci, quando avverranno queste cose? E quale sarà il segno che tutte queste cose staranno per adempiersi?". Il resto del Blocco C è la risposta di Gesù a questa domanda.

Questa è la parte più difficile da interpretare del Vangelo di Marco. Raccomando i commentari a coloro che la vogliono studiare dettagliatamente. Due cose, però, sono chiare: Gesù predice sia la distruzione del tempio (che avvenne nel 70 d.C.), sia il suo ritorno in questo mondo, nella gloria, alla fine dei tempi. La difficoltà è che non sempre è chiaro, nel capitolo, a quale dei due eventi Gesù si riferisca. È come se Gesù guardasse il giudizio di Dio nella storia attraverso un telescopio. La minima torsione del polso sposta la visuale del giudizio: non più nel contesto della distruzione del tempio, ma nel contesto del suo ritorno.

I **versetti 1-4**, come abbiamo già visto, sono un'introduzione: Gesù predice gli eventi scioccanti del 70 d.C. e i discepoli rivolgono in privato a Gesù la domanda sui tempi di questi avvenimenti.

I **versetti 5-13** sembrano concentrarsi principalmente (ma non esclusivamente) sui guai che porteranno alla distruzione del tempio. Ci saranno falsi profeti (5-6), che sosterranno di essere il Messia o di insegnare con la sua autorità; ci sarà sofferenza (7-8) perché le guerre e le catastrofi naturali obbligheranno a stare all'erta; ci sarà la persecuzione (9-13), perché Gentili e Giudei attaccheranno i discepoli di Gesù (9) e le famiglie saranno lacerate sulla base dei loro atteggiamenti nei confronti di Gesù (12).

I **versetti 14-23** sembrano portarci al momento della crisi. L'espressione "l'abominazione della desolazione" (14) è tratta dal libro di Daniele nell'Antico Testamento (vedi, ad esempio 9:27, 11:31, 12:11). Quando centinaia di Giudei furono uccisi nel tempio negli anni che culminarono nel 70 d.C., i cristiani videro questo come un adempimento di Marco 13:14. Ma è anche possibile vedere un adempimento più tardo nella comparsa dell'Anticristo, previsto dall'apostolo Paolo in 2 Tessalonicesi 2:3-4. Forse i versetti 14-23 devono essere letti mettendo a fuoco il telescopio, che si sposta continuamente avanti e indietro.

I **versetti 24-27**, invece, sembrano essere centrati saldamente sul ritorno di Gesù. Essi descrivono la fine del mondo (24-25), e poi l'arrivo del re: "Allora si vedrà il Figlio dell'uomo venire sulle nuvole con grande potenza e gloria" (26). Gesù coglie l'occasione per sottolineare che i figli di Dio saranno al sicuro (27).

Con i **versetti 28-31** torniamo indietro e focalizziamo di nuovo il telescopio sugli eventi del 70 d.C. Il fico del versetto 28 potrebbe non riferirsi a Israele che sboccia alla vita, ma potrebbe essere semplicemente una parabola per incoraggiare alla vigilanza (come un segnale che aiuta la memoria a collegare il Blocco C e il Blocco A). Se questa interpretazione è corretta, Gesù qui sta insegnando che la distruzione del tempio arriverà presto: "In verità vi dico che questa generazione non passerà prima che tutte queste cose siano avvenute" (30)[1]. Inoltre, anche se a volte non siamo certi del significato degli insegnamenti di Gesù, la sua autorità non è in dubbio: "Il cielo e la terra passeranno, ma le mie parole non passeranno" (31).

Infine, i **versetti 32-37** concludono l'insegnamento di Gesù. Alcune parti di questo paragrafo potrebbero essere viste come un consiglio per i discepoli che vivono prima della distruzione del tempio, ma l'obiettivo principale è certamente il ritorno di Gesù stesso. Subito dopo aver sottolineato la sua autorità (31), Gesù dichiara la propria ignoranza riguardo alla tempistica di questo ultimo grande avvenimento nella storia umana: "Nessuno li sa, neppure gli angeli del cielo, neppure il Figlio, ma solo il Padre" (32).

Alla luce di ciò, i discepoli cristiani dovrebbero fare attenzione a non essere dogmatici sui dettagli e sul momento della seconda venuta di Gesù. Il Blocco C non è qui per fornire il combustibile per una speculazione selvaggia, quanto invece per incoraggiarci a stare all'erta (5, 9, 23, 33, 36 e 37).

Quindi, la Sezione cinque termina con una breve parabola per incoraggiarci a essere vigili nel nostro discepolato (34-36). Proprio come le folle accolgono Gesù all'inizio della sezione, così dobbiamo essere pronti e in attesa per accoglierlo quando verrà la fine. Il messaggio del Blocco C si può riassumere con l'ultima parola di Gesù: "Vegliate!" (37).

Nella Sezione uno del Vangelo, abbiamo assistito al confronto tra i vecchi otri della religione vuota e il vino nuovo che porta Gesù. Lì, nella seconda metà del Blocco B, i capi dei Giudei lo avevano accusato (vedi 2:7,16, 18, 24); qui, nella Sezione cinque, è Gesù che li accusa. La sua rimostranza principale è la mancanza di frutto (11:12-13, 15-17, 12:2, 15, 24, 38-40): essi non vivono come il popolo di Dio dovrebbe vivere. Così, spiegando la parabola in 12:1-8, Gesù risponde alla sua stessa domanda:

[1] L'espressione "queste cose" nel Blocco C sembra riferirsi alla distruzione del tempio, mentre l'espressione "quei giorni" si riferisce al ritorno di Cristo. Si veda i commentari per più dettagli.

"Che farà dunque il padrone della vigna? Egli verrà, farà perire quei vignaiuoli e darà la vigna ad altri" (9).

Questo non significa che Dio abbia smesso di amare i Giudei, anzi, il Nuovo Testamento rende chiaro che Dio ha piani di future benedizioni per questo suo antico popolo (vedi Romani 11:25-36).

Ma abbiamo già visto che Gesù sta chiamando all'esistenza un nuovo popolo di Dio (vedi commenti su 1:13, 14-20; 3:13-14, 31-35). Questo popolo è la Chiesa, formata da tutte le persone, sia Giudei sia Gentili, che posseggono i requisiti per entrare nel regno: ravvedimento e fede (vedi 1:15).

Questo fatto non dovrebbe rendere i cristiani sicuri di sé. Proprio come Gesù si recò in Israele durante la sua prima venuta per cercare i frutti (vedi 11:13; 12:1-8) così lui verrà dal nuovo Israele, la Chiesa, alla sua seconda venuta (vedi 13:34-35).

Gesù ha il diritto di vedere il frutto nella vita di coloro che lo seguono.

Imparare a memoria il Vangelo

Inizia, come sempre, con il Blocco B. Ricordati che gli Avvenimenti a, b, c e d coinvolgono ascoltatori di Gesù che hanno un atteggiamento negativo, mentre gli ascoltatori negli Avvenimenti d', c', b' e a' hanno un atteggiamento positivo verso Gesù. Includi i dettagli, man mano che scorri mentalmente tutto il blocco; l'ordine degli avvenimenti diventerà sempre più chiaro.

Il Blocco A sembra lungo, ma il 'panino di Marco' dopo l'arrivo di Gesù a Gerusalemme lo rende facile da ricordare. Quando arriverai al Blocco C, non cercare di imparare a memoria ogni singolo dettaglio. Se impari solo il titolo "La distruzione del tempio e la fine dei tempi" dovresti già essere in grado di aggiungere qualche dettaglio a ciascuno di questi due temi principali.

Se ricordi che il titolo della Sezione cinque è "Il giudizio", questo ti ricorderà che in questa sezione i capi d'Israele rifiutano Gesù e che lui rifiuta loro. Questi sono problemi seri e Marco vuole che ci riflettiamo su.

Il giudizio

A	Gesù entra a Gerusalemme Gesù maledice il fico Gesù scaccia i venditori dal tempio Gesù usa il fico per un insegnamento sulla preghiera	3
B	a Dubbi sull'autorità di Gesù b Parabola dei vignaiuoli c Il tributo a Cesare d Il matrimonio alla resurrezione	1
	d' Il gran comandamento c' Una domanda sul Messia b' Avvertimento sui dottori della legge a' L'offerta della vedova	2
C	La distruzione del tempio e la fine dei tempi	4

A+C:	il fico (11:13 / 13:28)
Logica B:	Quattro avvenimenti con ascoltatori con atteggiamento negativo Quattro avvenimenti con ascoltatori con atteggiamento positivo

Incontrare il Signore

Spero che prenderai del tempo per parlare con il Signore mentre leggi tutta la sezione una prima volta. Egli desidera sentire le tue idee e le tue domande su ciascun brano. Ripassa la sezione cercando di immaginare i sentimenti di Gesù mentre si svolge la storia; la seconda volta, fermati dopo ogni paragrafo e adoralo. E prega che il frutto della conoscenza di Gesù diventi sempre più visibile nella tua vita.

Prego che tu possa riscoprire Gesù mentre trascorri del tempo con lui nella Sezione cinque. Lui sta aspettando di incontrarti.

Sezione sei: L'amore (Marco 14:1-16:8)

Questa sezione è la meta di tutto il Vangelo: qui, ci accingiamo a sperimentare il culmine della storia che Marco ha da raccontare. Nella Sezione sei incontreremo tradimento, odio, paura e disperazione, ma vedremo soprattutto l'amore. Vedremo la profondità dell'amore di Gesù sulla croce e il trionfo del suo amore alla tomba vuota. Siamo su terra santa, stare qui ci dovrebbe far commuovere.

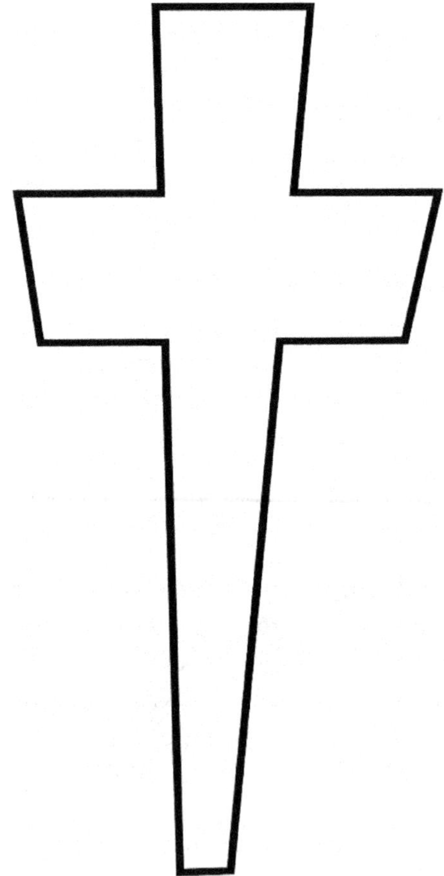

Poi lo crocifissero. (Marco 15:24a)

Godersi il panorama

Blocco A (14:1-11)

Congiura contro Gesù (1-2)
L'unzione a Betania (3-9)
Congiura contro Gesù (10-11)

Blocco B (14:12-15:39)

a	14:12-26	L'ultima Pasqua
b	14:27-31	Gesù prevede il rinnegamento di Pietro
c	14:32-42	Getsemani
d	14:43-52	Arresto di Gesù
d'	14:53-65	Davanti al sinedrio
c'	14:66-72	Pietro rinnega Gesù
b'	15:1-15	Gesù davanti a Pilato
a'	15:16-39	La crocifissione

Blocco C (15:40-16:8)

Le donne alla croce (15:40-41)
Il seppellimento di Gesù (15:42-47)
La risurrezione (16:1-8)

Ci sono due 'panini di Marco' nella Sezione sei. Nel Blocco A, l'unzione di Betania è inserita tra i due piani dei nemici di Gesù per ucciderlo, per cui vi è un motivo di odio-amore-odio. Nel Blocco C, la seppellimento di Gesù è inserita tra due riferimenti alle donne che erano tra i suoi discepoli (vedi 15:40-41, 47). Come tutte le altre, la Sezione sei è stata strutturata con molta attenzione.

Ciò che il Blocco A e il Blocco C hanno in comune è il tema dell'unzione. Nel Blocco A, la donna unge Gesù e questi ne spiega il significato: "Ha anticipato l'unzione del mio corpo per la sepoltura" (14:8). Poi nel Blocco C Marco ci racconta cosa è successo la domenica mattina presto: "Passato il sabato, Maria Maddalena, Maria, madre di Giacomo, e Salome comprarono degli aromi per andare a ungerlo" (16:1). Così i Blocchi A e C parlano di due unzioni, la seconda però non ha avuto luogo. La risurrezione l'ha resa inutile.

Gli avvenimenti nel Blocco B sono raggruppati a coppie. Dopo l'ultima cena Gesù predice che Pietro lo avrebbe rinnegato (Avvenimenti a e b), Gesù prega nel Getsemani e, proprio lì, è arrestato (Avvenimenti c e d); mentre il sommo sacerdote interroga Gesù, Pietro, nel cortile sottostante, rinnega il suo maestro (Avvenimenti d' e c'); e il processo di Gesù davanti al governatore romano porta alla sua crocifissione per mano dei soldati romani (Avvenimenti b' e a').

Per favore prendi del tempo per leggere tutta la Sezione sei, in una sola volta. Nel Blocco A vedrai l'amore che una donna senza nome ha per Gesù; nel Blocco C vedrai l'amore di Giuseppe per Gesù; e nel Blocco B vedrai l'amore di Gesù per te. Prova a visualizzare la scena e immaginati nei panni di tutti coloro che hanno a che fare con Gesù. Mentre leggi, potresti fermarti per adorarlo.

Tirar fuori il contenuto

Blocco A (14:1-11)

Congiura contro Gesù (14:1-2)

Questo è l'inizio di un 'panino di Marco' (1-11), che mostra il contrasto tra l'odio dei capi dei Giudei (1-2, 10-11) e l'amore di una donna (3-9). Mentre la maggioranza delle persone è a Gerusalemme a celebrare la Pasqua per ringraziare Dio per il riscatto di Israele dalla schiavitù in Egitto, "i capi dei sacerdoti e gli scribi cercavano il modo di prendere Gesù con inganno e ucciderlo" (1).

L'unzione a Betania (14:3-9)

La donna qui è quasi certamente Maria (cfr. Giovanni 12:1-11), ma Marco decide di non dirci il suo nome, perché non vuole che ci concentriamo sulla sua identità, ma sul suo amore.

Il profumo che versa su Gesù è "di gran valore" (3) e "si poteva vendere quest'olio per più di trecento denari e darli ai poveri" (5). Questa stravaganza le fa guadagnare la critica indignata di alcuni presenti. Marco scrive: "Ed erano irritati contro di lei" (5).

Ma Gesù salta in sua difesa. Egli descrive la sua azione come bella (6) e giusta: "I poveri li avete sempre con voi; quando volete, potete far loro del bene; ma me non mi avete per sempre" (7). Gesù non sta dicendo che i poveri non sono importanti, ma fa notare che, in questo preciso momento, l'unzione era la cosa giusta da fare. Inoltre era un gesto profetico (8). Di solito si unge un corpo dopo che il suo proprietario è morto! Ma in qualche modo questa donna percepisce che Gesù sta per morire e ciò la spinge a questo atto profetico di amore.

Nel versetto 9 Gesù aggiunge che questa unzione non sarà dimenticata: "In verità vi dico che in tutto il mondo, dovunque sarà predicato il vangelo, anche quello che costei ha fatto sarà raccontato, in memoria di lei". Gesù è chiaramente sicuro che la buona notizia su di lui sarà raccontata in tutto il mondo, ma lui è così colpito dall'amore di questa donna che le promette che la sua generosità non sarà mai dimenticata. È quasi come se Gesù garantisse che questo sarà parte del Nuovo Testamento!

Non è difficile capire perché quest'estremo atto d'amore è così importante per Gesù. Egli è venuto a Gerusalemme per compiere l'atto d'amore più generoso che il mondo abbia mai visto: morire sulla croce per i nostri peccati. E, circondato com'è dall'odio dei capi religiosi e dall'incomprensione dei suoi amici, l'amore di questa donna deve essere stato molto importante per lui.

Congiura contro Gesù (14:10-11)

La reazione di Gesù all'unzione sembra essere stata l'ultima goccia per Giuda, che va dai capi dei sacerdoti con un'offerta che non possono rifiutare (10). Il contrasto tra l'odio all'inizio e alla fine del Blocco A e l'amore nel mezzo non potrebbe essere maggiore. La scena è pronta per gli avvenimenti del Blocco B.

Blocco B (14:12-15:39)

a – L'ultima Pasqua (14:12-26)

Il collegamento a specchio di Marco nel Blocco B unisce questo avvenimento con la crocifissione: il collegamento non è difficile da trovare. L'Avvenimento a spiega l'Avvenimento a'. Gli eventi dell'ultima cena spiegano il significato della morte di Gesù.

Per Gesù chiaramente quest'ultima cena con i suoi amici è molto importante: si è adoperato per fare tutti i preparativi necessari (13-16). Durante la cena i discepoli impareranno che ai capi d'Israele sarà permesso di ucciderlo e che uno del loro stesso gruppo lo tradirà (18-21). Più importante di tutto è il significato che Gesù attribuisce alla sua morte, utilizzando il pane e il vino che erano parte di ogni pasto pasquale.

Mentre i discepoli bevono il vino, Gesù dice: "Questo è il mio sangue, il sangue del patto, che è sparso per molti" (24). Le parole "per molti" ci ricordano quelle di Gesù alla fine della Sezione quattro, quando dice che egli è venuto "per dare la sua vita come prezzo di riscatto per molti" (10:45). Ma il riferimento al patto ci riporta molto più indietro, alle promesse dell'Antico Testamento, secondo cui Dio avrebbe un giorno fatto un nuovo patto nel quale uomini e donne avrebbero trovato il perdono in una relazione con Dio (vedi Geremia 31:31-34) attraverso la presenza dello Spirito Santo (vedi Ezechiele 36:26-27). Giovanni il battista intendeva proprio ciò quando predicava su Gesù (vedi 1:8). Ora Gesù dice che è la sua morte a rendere possibile questo nuovo patto. Morirà per permetterci di conoscere Dio.

Nel versetto 25 Gesù si riferisce al banchetto messianico che ci sarà un giorno nel cielo (vedi commenti a 6:34-44) anch'esso reso possibile dalla sua morte. Ma non solo, nell'ultima cena Gesù spiega il significato della croce. Anche Marco lo spiega nell'introdurre l'episodio: "Il primo giorno degli Azzimi", dice, "quando si sacrificava la Pasqua" (12). La morte di Gesù sarà un sacrificio. Marco l'ha compreso e vuole farlo capire anche a noi.

b – Gesù prevede il rinnegamento di Pietro (14:27-31)

In primo luogo, Gesù predice che tutti i discepoli lo abbandoneranno e cita l'Antico Testamento per dimostrarlo: "Io percuoterò il pastore e le pecore saranno disperse" (27). La cosa interessante della citazione di Zaccaria 13:7 è che è Dio che parla: la morte di Gesù non è solo il risultato delle azioni dei Giudei o dei Romani, ma è qualcosa che Dio stesso sta operando (cfr. Isaia 53:10).

Questo abbandono non sarà per sempre, come il versetto 28 chiarisce, riferendosi alla risurrezione. Ma Pietro, come sempre sicuro di sé, è certo che non rinnegherà mai Gesù, anche se non esclude la possibilità che siano gli altri discepoli a farlo (29), che equivale a dire: "Io sono il più grande" (vedi 9:33-37). La profezia di Gesù che Pietro lo rinnegherà tre volte (30) fa sì che Pietro contraddica il suo Signore come ha già fatto prima: "Ma egli diceva più fermamente ancora: 'Anche se dovessi morire con te, non ti rinnegherò'" (31, cfr. 8:32). Marco aggiunge: "Lo stesso dicevano pure tutti gli altri" (31b).

c – Getsemani (14:32-42)

Marco vuole farci vivere l'angoscia di Gesù, mentre pensa alla croce: "Cominciò a essere spaventato e angosciato" (33). E non ha paura di dirlo a Pietro, Giacomo e Giovanni, i suoi amici più intimi: "L'anima mia è oppressa da tristezza mortale; rimanete qui e vegliate" (34). Eppure, per tre volte si addormentano (37, 40, 41). E così Gesù li avverte: "Vegliate e pregate, affinché non cadiate in tentazione" (38). Nessuno di loro seguirà l'avvertimento.

Ma qui Marco vuole accentuare la preghiera di Gesù: "Abbà, Padre! Ogni cosa ti è possibile; allontana da me questo calice! Però non quello che io voglio, ma quello che tu vuoi" (36). Gesù usa il termine aramaico più intimo per 'padre', e gli chiede se è possibile evitargli la croce. Ciò non a motivo del dolore fisico, ma a causa del costo spirituale: come l'agnello pasquale (vedi 12), Gesù prenderà su di sé il giudizio divino che gli altri meritano. E per tre volte la risposta è no; non c'è un'altra via per salvare i peccatori. Così, alla fine di questo paragrafo, Gesù va incontro al traditore (41-42). Ha preso la sua decisione.

d – Arresto di Gesù (14:43-52)

Marco vuole sottolineare la solitudine di Gesù. Giuda è "uno dei dodici" (43) e arriva nel Getsemani con una folla armata e, per tradirlo, usa un bacio (45). Quando Gesù è arrestato uno dei discepoli ricorre alla violenza al fine di progettare una fuga (45, cfr. Giovanni 18:10). Ma Gesù sa che "questo è avvenuto affinché le Scritture fossero adempiute" (49).

Ed è in questo momento che la solitudine che Gesù deve aver provato durante la preghiera diventa ancora più intensa. Marco ci dice semplicemente: "Allora tutti, lasciatolo, se ne fuggirono" (50). E questi non sono i suoi nemici: sono i suoi migliori amici.

Soltanto Marco ci racconta di un altro giovane che scappò (51-52). È possibile che questo sia lo stesso Marco, entrato di nascosto nel giardino, turbato dal rumore della folla nel buio. Non lo sappiamo, ma se fosse Marco, questa non sarebbe l'ultima volta in cui scappa (cfr. Atti 13:13). Che sia Marco o no, Gesù ora è solo.

d' – Davanti al sinedrio (14:53-65)

C'è un ulteriore 'panino' che inizia al versetto 53 e termina al versetto 72. Citando Pietro prima di raccontare del controinterrogatorio di Gesù davanti al sinedrio, Marco precisa che gli Avvenimenti d' e c' accadono contemporaneamente: mentre Gesù è interrogato dai suoi nemici, il suo amico nega definitivamente di conoscerlo.

Con la struttura a specchio Marco attira la nostra attenzione sul contrasto tra il coraggio di Gesù nell'Avvenimento d' e la codardia dei discepoli che fuggono per l'arresto (Avvenimento d). Non ci sono dubbi sull'innocenza di Gesù, perché anche i falsi testimoni si contraddicono a vicenda (55-59); le prove contro di lui non reggono.

Quando il sommo sacerdote inizia a interrogarlo, Gesù non si difende ma resta in silenzio (60-61a). Ma quando si tratta di una domanda diretta sulla sua identità, il silenzio è fuori discussione (61b-62). Il coraggio di Gesù qui è sorprendente: sa bene che la sua pretesa di essere il Messia e il Figlio di Dio può solo portare alla sua condanna. Il suo amore, per il Padre e per i peccatori, è ciò che determina la sua volontà di andare alla croce.

c' – Pietro rinnega Gesù (14:66-72)

Marco collega questo avvenimento con quanto accade nel Getsemani nell'Avvenimento c. Là, Gesù aveva pregato per tre volte; qui, Pietro lo rinnega per tre volte. Ma c'è anche un altro collegamento. Nel Getsemani Gesù aveva dato a tutti i suoi discepoli un avvertimento: "Vegliate e pregate, affinché non cadiate in tentazione" (38).

Ora Marco ci mostra che Pietro non ha fatto tesoro dell'avvertimento. Mentre Gesù è da solo, in piedi, davanti al sinedrio, Pietro è seduto nel cortile esterno (54, 67). La sua affermazione di non avere alcun rapporto con Gesù è la prova che egli non ha vegliato e pregato. Così il rinnegamento di Pietro non solo adempie il versetto 30, ma anche il 38. Sicuramente Marco vuole che facciamo il collegamento e che adottiamo noi stessi delle misure in modo che la tentazione non abbia la meglio su di noi, come accadde a Pietro.

b' – Gesù davanti a Pilato (15:1-15)

La riunione del sinedrio di mattina presto (1) è necessaria perché la legge ebraica non gli consentiva di convocarsi di notte. Davanti a Pilato, Gesù rifiuta ancora una volta di difendersi (4-5), ma ancora una volta è chiaro circa la sua identità (2).

Marco ci dice che Pilato conosce le motivazioni dei sommi sacerdoti: offre l'opportunità di liberare Gesù "perché sapeva che i capi dei sacerdoti glielo avevano consegnato per invidia" (10). Ma la pressione della folla fa sì che il tentativo di Pilato di fare la cosa giusta ha vita breve: "Pilato, volendo soddisfare la folla, liberò loro Barabba; e consegnò Gesù, dopo averlo flagellato, perché fosse crocifisso" (15).

Il collegamento a specchio con l'Avvenimento b sottolinea ancora una volta la solitudine di Gesù. Egli aveva predetto che i suoi amici lo avrebbero abbandonato (vedi 14:27-31); ora la folla, che lo aveva accolto in modo spettacolare a Gerusalemme durante l'ingresso trionfale (vedi 11:1-11), grida: "Crocifiggilo!" (13-14).

Marco ora, forse, desidera insegnarci un'altra lezione. Ha già chiarito che Gesù è innocente e che Pilato concorda con questo verdetto (14a). Ma Marco fa di tutto per dirci che Barabba, che è stato liberato da Pilato al posto di Gesù, è colpevole come stabilito nella sua condanna: "Vi era allora in prigione un tale, chiamato Barabba, insieme ad alcuni ribelli i quali avevano commesso un omicidio durante una rivolta" (7). In altre parole, la condanna di un uomo innocente porta al rilascio di un colpevole. Per noi questa è la buona notizia della croce.

a' – La crocifissione (15:16-39)

Questa parte finale del Blocco B è il culmine a cui Marco ci ha voluti condurre fin dalla Sezione uno del suo Vangelo (vedi 2:20; 3:6). Nella Sezione quattro Gesù ha predetto la sua morte (vedi 8:31; 9:31; 10:33-34); ma non ha dato molte spiegazioni fino all'ultima cena nella Sezione sei (14:12-26, ma vedi 10:45). Qui, la struttura a specchio che collega gli Avvenimenti a e a' ci spiega il significato della crocifissione.

Marco sottolinea per noi la profondità della sofferenza di Gesù. I colpi da lui ricevuti per mano dei soldati nei versetti 16-20 e la sua flagellazione prima (15) lo rendono fisicamente incapace di portare la propria croce (21). Quando Marco scrive: "E condussero Gesù al luogo detto Golgota" (22) usa una parola molto fisica: devono quasi trascinarlo lì, non perché non voglia andare, ma perché non ne ha la forza. Nel versetto 23 rifiuta un anestetico: Gesù è determinato a non fare nulla per diminuire la sua sofferenza per noi.

"Poi lo crocifissero" (24). Marco non ci dà alcuna descrizione fisica delle sofferenze coinvolte, forse perché vuole che ci concentriamo su qualcos'altro. I suoi tre riferimenti al tempo (25, 33, 34) possono aiutarci a vedere le cose come Marco vuole che le vediamo.

Primo, dalle ore 9:00, ci sono tre ore di scherno (25-32). Anche se ci sono tre uomini ad essere crocifissi (27), lo scherno è rivolto solo a Gesù: "Quelli che passavano di là lo *insultavano*..." (29). I capi religiosi si godono lo spettacolo (31-32); anche i ladri crocifissi accanto a Gesù raccolgono le energie per prenderlo in giro (32b). Marco vuole sicuramente farci vedere l'ironia in quello che dicono i capi dei sacerdoti, anche se ovviamente non se ne rendono conto: "Ha salvato altri e non può salvare se stesso" (31b). La verità, ovviamente, è un po' diversa: è per salvare gli altri che non salva se stesso.

Secondo, da mezzogiorno, ci sono tre ore di buio (33). Non è un'eclissi solare, che non potrebbe mai avvenire di Pasqua. No, questo è un intervento di Dio, che crea un buio innaturale nella creazione, mentre il Creatore muore (vedi Giovanni 1:3; Colossesi 1:16).

Terzo, alle ore 15:00, Gesù grida: "*Eloì, Eloì, lamà sabactàni?*" (34), che Marco traduce per noi: "Dio mio, Dio mio, perché mi hai abbandonato?". Non ci viene data nessuna risposta alla domanda, ma c'è solo una cosa nell'universo che può separare un uomo o una donna da Dio: il peccato umano. Marco però, come abbiamo già visto, ha chiarito che Gesù è innocente; quindi sicuramente ora vuole farci vedere che il peccato, che separa Gesù dal Padre, non è il suo, ma il nostro. Un uomo innocente muore al posto di peccatori colpevoli.

Questa spiegazione della croce è confermata dal racconto di Marco su ciò che accade quando Gesù muore: "E la cortina del tempio si squarciò in due, da cima a fondo" (38). La cortina davanti al luogo santissimo, nel tempio, manteneva i fedeli fuori dalla presenza di Dio: il loro peccato rendeva impossibile l'accesso alla sua santità. Ma ora la cortina è squarciata, perché Gesù è morto. Con la morte di Gesù e la lacerazione della cortina, Dio sta dicendo a chiunque voglia ascoltare: "Il prezzo è stato pagato; adesso puoi entrare."

Il versetto 39 ci racconta la risposta di un uomo alla crocifissione: "E il centurione che era lì presente di fronte a Gesù, avendolo visto spirare in quel modo, disse: 'Veramente quest'uomo era Figlio di Dio!'". Questo soldato romano è la prima persona nel Vangelo di Marco a capire questo su Gesù. Nella Sezione uno il Padre aveva annunciato l'identità di Gesù al suo battesimo (vedi 1:11) e anche le forze del male lo avevano riconosciuto (vedi 1:34, 3:11). Ma ora, nella Sezione sei, per la prima volta, un essere umano chiama Gesù il Figlio di Dio. E la cosa straordinaria è che costui è un Gentile.

Ti ricordi come Marco inizia la sua introduzione al Vangelo? "Inizio del vangelo di Gesù Cristo, il Figlio di Dio" (1:1). Alla fine della Sezione tre il primo essere umano vede in Gesù il Cristo, il Messia: "Pietro gli rispose: 'Tu sei il Cristo'" (8:29). E ora, quasi alla fine della Sezione sei, un centurione romano dice: "Veramente quest'uomo era Figlio di Dio!" (15:39).

Non sappiamo quanto il centurione avesse compreso o che cosa volesse dire con quelle parole. Ma Marco vuole farci riconoscere che l'uomo sulla croce non è solo una persona che sta soffrendo una morte ingiusta; egli è il Figlio eterno di Dio, che sta morendo per i peccati del mondo. Marco vuole che noi adoriamo il Cristo, il Figlio di Dio.

Blocco C (15:40-16:8)

Le donne alla croce (15:40-41)

Qui troviamo un altro 'panino di Marco'. I versetti 42-46 descrivono la sepoltura di Gesù, mentre prima e dopo Marco nomina le donne (40-41, 47). Le donne sono più fedeli rispetto agli uomini. Gli apostoli hanno abbandonato Gesù, ma le donne sono ancora lì, a guardare mentre muore.

Il seppellimento di Gesù (15:42-47)

Marco ci racconta di Giuseppe d'Arimatea, membro del sinedrio che fino a questo momento era stato un discepolo segreto "il quale aspettava anch'egli il regno di Dio" (43). Ora trova il coraggio di chiedere a Pilato il corpo di Gesù: alla fine del paragrafo si è dichiarato un seguace di Gesù. Marco potrebbe voler incoraggiare i suoi lettori a fare lo stesso.

Il 'panino' si conclude con il versetto 47, quando due delle donne osservano la posizione della tomba. La scena è pronta per il grande evento della domenica mattina.

La risurrezione (16:1-8)

Tre delle donne vanno al sepolcro per ungere il corpo di Gesù, ma le spezie che hanno acquistato a questo scopo (vedi 1) non saranno utilizzate quel giorno. Nel Blocco A di questa sezione abbiamo visto che il corpo di Gesù era già stato unto per la sepoltura (vedi 14:3-9, soprattutto 8).

La tomba aperta e l'apparizione dell'angelo (che Marco descrive come rassomigliante a un giovane, 5) le riempiono di paura. Prova a immaginare i loro sentimenti quando egli dà loro la notizia sorprendente che Gesù è risorto dai morti. Prima che possano iniziare a capire appieno questo messaggio, alle donne è assegnato un lavoro da compiere: "Ma andate a dire ai suoi discepoli e a Pietro che egli vi precede in Galilea; là lo vedrete, come vi ha detto" (7). È molto improbabile che i discepoli avessero compreso questo messaggio la prima volta che l'udirono (vedi 14:28), così ora devono sentirlo nuovamente.

C'è un messaggio speciale per Pietro nelle parole dell'angelo. Se le parole "e a Pietro" non fossero state nel versetto 7, egli avrebbe potuto concludere che Gesù non voleva avere più niente a che fare con lui: l'arrogante sicurezza in se stesso (vedi 14:29-31) e il vigliacco rinnegamento (vedi 14:66-72) l'avevano sicuramente squalificato per sempre dall'essere un discepolo di Gesù. Ma chiaramente Gesù risorto vede le cose in maniera diversa! Vuole perdonare Pietro e usarlo per raccontare agli altri la buona notizia del perdono.

Eppure il messaggio non verrà trasmesso immediatamente. L'ultimo versetto della Sezione sei è il capitolo 16 versetto 8, che riporta: "Esse, uscite, fuggirono via dal sepolcro perché erano prese da tremito e da stupore; e non dissero nulla a nessuno perché avevano paura". Questa disubbidienza temporanea è forse comprensibile, ma questa è comunque una mancanza di ubbidienza al messaggio dell'angelo.

Ma noi, lettori del Vangelo, non abbiamo paura. Sappiamo che la risurrezione è un fatto storico, la conferma che il messaggio della croce è vero. Al termine della Sezione sei le donne sono piene di punti interrogativi, mentre la certezza dell'angelo è un punto esclamativo: "Egli è risuscitato" (6)! Marco vuole che noi passiamo dal dubbio alla fede, permettendo all'amore di Gesù di trasformarci.

Imparare a memoria il Vangelo

Ti incoraggio a prendere tempo per imparare la Sezione sei; sono sicuro che i primi cristiani lo fecero.

Inizia, ancora una volta, con il Blocco B. Ricordati che il primo episodio (a) spiega l'ultimo (a'): l'ultima Pasqua ci spiega la crocifissione. Ricorda, inoltre, che gli avvenimenti nel Blocco B sono abbinati in coppie: l'ultima cena conduce al rinnegamento di Gesù da parte di Pietro; la preghiera di Gesù nel Getsemani è seguita dal suo arresto; mentre Gesù è interrogato dal sinedrio, Pietro nega il suo Signore nel cortile esterno; e il governatore romano mette Gesù nelle mani dei soldati romani per essere crocifisso.

Una volta che avrai fissato i principali avvenimenti del Blocco B nella tua mente, passa ai Blocchi A e C. Il Blocco A è un 'panino' di odio-amore-odio, che lo rende semplice da imparare a memoria. Il Blocco C inizia con un altro 'panino' (donne-sepoltura-donne). Non dovrebbe essere difficile ricordare che la sezione si conclude con la risurrezione!

L'amore

A	Congiura contro Gesù L'unzione a Betania Congiura contro Gesù	5
B	a L'ultima Pasqua b Gesù prevede il rinnegamento di Pietro	1
	c Getsemani d Arresto di Gesù	2
	d' Davanti al sinedrio c' Pietro rinnega Gesù	3
	b' Gesù davanti a Pilato a' La crocifissione	4
C	Le donne alla croce Il seppellimento di Gesù La risurrezione	6

A+C: Olio/unzione (14:8 / 16:1)
Logica B: Raggruppamento in coppie

Incontrare il Signore

Mentre passi mentalmente in rassegna gli avvenimenti della Sezione sei, trova il tempo per fermarti, per ringraziare Gesù per il suo amore, in ogni passo del cammino, e per adorarlo. Chiedigli di rendere reali per te questi avvenimenti; chiedigli di toccare il tuo cuore con il suo amore; chiedigli di cambiare la tua vita. Ti consiglio di pregare, di non essere come Pietro, ma come la donna che unse Gesù nel Blocco A.

Riconoscere il suo amore per noi dovrebbe portarci a un amore più profondo per lui. Prego perché questa sia la tua esperienza mentre ti accosti a Gesù risorto.

Conclusione di Marco (Marco 16:9-20)

Lo è davvero? La maggior parte dei teologi pensano che i versetti 9-20 siano un'aggiunta successiva al Vangelo: o il finale originale è andato perso oppure Marco smise di scrivere al versetto 8. Forse hanno ragione. Qualunque sia la verità, questa conclusione certamente è stata scritta poco dopo.

Godersi il panorama

a Il Signore risorto incontra i suoi (9-14)
b Il Signore con un mesaggio manda i suoi (15-18)
c Il Signore dall'alto regna nei suoi (19-20)

Anche se è possibile che la conclusione del Vangelo non sia stata scritta da Marco, è comunque certo che si adatta molto bene all'introduzione. Il tema principale in 1:1-8 e in 16:9-20 è quello dei testimoni che raccontano la buona notizia di Gesù. Tuttavia, nell'introduzione essi *vengono* per raccontare la buona notizia, mentre nella conclusione *vanno* a raccontare la buona notizia. Nell'introduzione i testimoni sono Marco, i profeti dell'Antico Testamento e Giovanni il battista; nella conclusione i testimoni sono alcuni discepoli, gli undici apostoli – e noi, che crediamo nel loro messaggio.

Tirar fuori il contenuto

a – Il Signore risorto incontra i suoi (16:9-14)

Ci sono due elementi importanti in questo brano. Primo, Gesù è vivo. Egli appare a Maria Maddalena (9-11, cfr. Giovanni 20:10-18), a due discepoli che camminano per la strada (12-13, cfr. Luca 24:13-32) e infine agli undici apostoli (14, cfr. Giovanni 20:26-29).

Il secondo elemento importante è che gli apostoli non credono (11, 13). E Gesù li rimprovera per questa incredulità nel versetto 14.

b – Il Signore con un mesaggio manda i suoi (16:15-18)

Ora Gesù invia gli apostoli in tutto il mondo per predicare la buona notizia (15, cfr. 1:1, 15; Matteo 28:19). Il messaggio è che la fede è indispensabile per essere salvati (16) e la seconda metà del versetto chiarisce che il battesimo non è una condizione per la salvezza.

Poi Gesù promette di confermare il messaggio tramite miracoli, anche se la promessa non è necessariamente che ogni individuo farà queste cose, ma la Chiesa nel suo insieme (16-18).

c – Il Signore dall'alto regna nei suoi (16:19-20)

Il versetto 19 ci dice che Gesù è asceso al cielo e ora è seduto in una posizione di autorità – alla destra del Padre.

Il versetto 20 ci mostra che l'incredulità degli apostoli si è trasformata in fede. Fanno ciò che il loro Signore ha comandato loro di fare e lui mantiene la sua promessa di confermare il loro messaggio.

Imparare a memoria il Vangelo

Basta imparare le tre voci, che sono in un ordine logico.

Incontrare il Signore

Ripassa i versetti 9-20 nella tua mente. Adora il Signore risorto e chiedigli di aumentare la tua fede; ascolta il Signore che manda i suoi, e che sta mandando anche te, ad andare per il mondo e condividere la buona notizia; e ubbidisci al Signore asceso, decidendo di andare dovunque lui ti manda.

E continuerai così a riscoprire Gesù e a conoscerlo meglio.

La mia conclusione: L'esperimento continua

Spero che tu abbia preso del tempo man mano che leggevi *L'esperimento di Marco* per imparare la struttura del Vangelo. Se l'hai fatto, allora hai sentito Gesù annunciare il messaggio del regno di Dio; l'hai osservato dimostrarne la realtà con le sue parabole e i suoi miracoli; lo hai visto formare i suoi discepoli e aiutarli a riconoscere in lui il Messia; l'hai sentito insegnare loro il significato del discepolato e spiegare che avrebbe sofferto, sarebbe morto e risorto; l'hai visto rispondere agli attacchi dei capi religiosi e agli avvertimenti che rivolge loro riguardo al giudizio di Dio che sarebbe avvenuto nella distruzione del loro tempio; e lo hai visto morire sulla croce come salvatore del mondo e apparire vivo ai suoi discepoli per inviarli nel mondo con la buona notizia del vangelo. Spero che tu abbia iniziato a riscoprire Gesù.

Ma questo processo non deve fermarsi perché hai raggiunto la fine di questo libro. Vorrei suggerire alcuni modi in cui potrai utilizzare il Vangelo di Marco per conoscere meglio Gesù.

1. Utilizza il Vangelo di Marco per l'adorazione e la preghiera

Prendi una sezione di Marco. Inizia a ripassarla nella tua mente (senza la Bibbia), non ricordare solamente l'ordine degli avvenimenti; invece parla a Gesù di quello che sta dicendo e facendo. Fermati per godere la sua presenza: adoralo per la sua potenza e il suo amore, e prega per te stesso mentre rifletti sugli avvenimenti della sezione.

Puoi farlo a casa nella tua stanza o mentre sei seduto in autobus. Puoi decidere di utilizzare la Sezione uno in questo modo per una settimana; la settimana successiva potresti passare alla Sezione due.

2. Utilizza il Vangelo di Marco come aiuto per pregare per gli altri

A volte ti senti spinto a pregare per un amico o un membro della tua famiglia, ma non sai come farlo. Perché non prendi una sezione del Vangelo e la usi come guida, per pregare per una persona speciale?

Attraverso alcuni avvenimenti puoi pregare che questa persona riconosca sempre di più chi è Gesù e il motivo della sua venuta; potresti pregare, a volte, che non commetta gli errori dei discepoli; altre pregherai che cresca nella fede e nell'amore. Il Vangelo ti può aiutare a pregare per gli altri, a prescindere che siano già credenti o no.

3. Utilizza il Vangelo di Marco per andare a spasso con Marco

Va' a fare una passeggiata (senza Bibbia) con un amico che ha imparato la struttura di Marco. Alternatevi nel raccontarvi l'un l'altro gli avvenimenti, come se l'altro non avesse mai letto il Vangelo; se non ti ricordi ciò che viene dopo o dimentichi alcuni dettagli, il tuo amico potrà aiutarti. Potete decidere di fare la metà del Vangelo o tutto il Vangelo, secondo il tempo a disposizione, o di quante sezioni avete imparato.

Andare a spasso con Marco funziona bene anche in gruppo. Ma se si è in più di quattro o cinque, potrebbe essere difficile sentire ciò che è detto. La prima volta che sono andato a spasso con Marco, eravamo in una quindicina e camminavamo per le Alpi austriache. Ogni cinque minuti, o giù di lì, ci fermavamo, formavamo un cerchio e uno di noi raccontava l'avvenimento successivo. Il resto del gruppo era pronto per aiutare. Siamo stati fuori per due ore e mezza e durante questo periodo ci siamo raccontati l'un l'altro tutto il Vangelo dall'inizio alla fine. E abbiamo riscoperto Gesù.

4. Utilizza il Vangelo di Marco in un programma di insegnamento

Il tuo gruppo giovani, o gruppo di studenti, potrebbe decidere di utilizzare la struttura di Marco nel suo programma semestrale. Potreste prendere una sezione a settimana, o una sezione al mese, e riscoprire Gesù attraverso una presentazione o una discussione in piccoli gruppi. Alcuni membri del gruppo potrebbero decidere di imparare la struttura del Vangelo per loro conto, per giungere a conoscere meglio Gesù.

Potrebbe funzionare bene anche in un programma di insegnamento domenicale di una chiesa. Il responsabile della chiesa potrebbe tenere una serie di sermoni sul Vangelo di Marco. Il primo sermone potrebbe riguardare l'Introduzione di Marco (1:1-8) per entusiasmare i membri di chiesa a conoscere meglio Gesù. Poi si potrebbero avere due o tre sermoni su ogni sezione.

5. Utilizza il Vangelo di Marco in un gruppetto

È possibile studiare tutto il Vangelo, e anche apprenderlo, in un gruppetto. Nell'Appendice 2 troverai dei suggerimenti di schemi.

6. Utilizza il Vangelo di Marco per una rappresentazione teatrale

La struttura di Marco delineata in questo libro permette di presentare tutto il Vangelo in forma teatrale. Quindici persone di una chiesa o di un gruppo studentesco potrebbero fare una rappresentazione teatrale di tutto il Vangelo con la scena al centro. Nell'Appendice 1 ci sono più dettagli e altri ancora sono disponibili sui siti di The Mark Drama: www.themark drama.gbu.it / www.themarkdrama.com.

Vi ho suggerito sei idee su come utilizzare il Vangelo di Marco per aiutarvi a conoscere meglio Gesù, ma sarete in grado di trovarne altre ancora. Più conosciamo Gesù, più sperimenteremo che lui ci cambia e ci aiuta a seguirlo, e, inoltre, saremo meglio equipaggiati per condividere la buona notizia con i nostri amici.

Prego che, man mano che permettete a Dio di utilizzare il Vangelo di Marco nella vostra vita, nel vostro gruppo studentesco e nella vostra chiesa, potrete riscoprire Gesù.

Per finire...

Essere cristiani è molto più che credere a un messaggio: si tratta di conoscere Gesù, il Cristo, il Figlio di Dio. Sono convinto che questo è uno dei motivi per cui Marco ha scritto il suo Vangelo. Vuole che vediamo Gesù più chiaramente.

Possiamo chiedere a Gesù di aprirci gli occhi della mente e del cuore, come egli aprì gli occhi fisici delle persone cieche nel Vangelo (vedi 8:22-26; 10:46-52).

Un giorno, tra non molto, tutti noi che conosciamo Gesù lo vedremo nella gloria in cui Pietro, Giacomo e Giovanni lo videro durante la trasfigurazione. E allora saremo simili a lui.

Con il suo aiuto possiamo arrivare a conoscere questo Signore glorificato ora – e parlare al mondo di lui.

Appendice 1: Come realizzare The Mark Drama

The Mark Drama è una messa in scena del Vangelo di Marco che racconta ogni avvenimento. Si realizza con un gruppo di 15 persone, membri di una chiesa, studenti universitari di un gruppo GBU[2], o un altro gruppo. **The Mark Drama** si svolge con il pubblico seduto in cerchio e con la scena al centro. Non prevede l'uso di costumi, scenografia, microfoni o narratore.

The Mark Drama è stato già rappresentato in molti paesi europei e non solo. Ci sono molte più informazioni sui siti www.themarkdrama.gbu.it e www.themarkdrama.com. Quanto segue è stato scritto semplicemente per stuzzicare l'appetito.

Lo scopo

Il proposito di **The Mark Drama** è che il pubblico sperimenti tutta la storia di Gesù così come Marco la presenta nel suo Vangelo. L'azione ha luogo non soltanto nello spazio centrale, ma anche nei corridoi e dietro il pubblico. Sperimentare **The Mark Drama** spesso porta le persone a decidere di leggere il Vangelo di Marco per conto loro, o di frequentare un corso sulle basi della fede cristiana, come Esplorare il Cristianesimo (basato sul Vangelo di Marco)[3]. C'è grande potenza nella parola di Dio!

Il gruppo

Due mesi prima della data prevista per la rappresentazione, un regista di **The Mark Drama** è invitato a guidare una serata informativa per chiunque sia aperto alla possibilità di aderire al gruppo degli attori. Se, dopo questa serata, aderiscono 15 persone (8 uomini, 7 donne), allora **The Mark Drama** potrà procedere. Gli attori del gruppo non hanno bisogno di avere alcuna esperienza teatrale. A volte una chiesa si unisce ad altre chiese locali per avere più possibilità di reclutare abbastanza volontari.

---

[2] I Gruppi Biblici Universitari (GBU) sono il ramo italiano della *International Fellowship of Evangelical Students*, movimento internazionale che opera nelle università di molti paesi del mondo.

[3] *Esplorare il Cristianesimo* è pubblicato dalle Edizioni GBU, www.edizioni gbu.it.

L'apprendimento

Nelle sei settimane precedenti alle rappresentazioni il gruppo di attori impara l'ordine degli avvenimenti del Vangelo di Marco. Non sarà difficile se si faranno aiutare da questo libro. Oltre a ciò devono leggere tutto il Vangelo per sapere che cosa succede negli avvenimenti. Non c'è un copione da imparare. Ovviamente l'attore che interpreta Gesù avrà molto più da imparare degli altri, però ci sono degli strumenti per aiutarlo a memorizzare le parole di Gesù nel Vangelo di Marco.

Le prove

La prima prova ha luogo solo alcuni giorni prima della rappresentazione; il tempo totale delle prove sarà di circa 12 ore. Il regista aiuta il gruppo a mettere in scena la rappresentazione attraverso un processo di improvvisazione guidata. Le prove sono impegnative, emozionanti, stimolanti, commoventi e possono anche cambiare la vita.

Le rappresentazioni

La maggior parte dei gruppi fanno due rappresentazioni in due giorni consecutivi. La rappresentazione dura circa 90 minuti, senza intervallo. **The Mark Drama** è consigliato per un pubblico dagli otto anni in su, per via dei forti temi trattati in alcune scene.

Se vuoi saperne di più su **The Mark Drama** e ti stai chiedendo se sarebbe qualcosa che la tua chiesa o un gruppo di cui fai parte potrebbe utilizzare, per favore visita il sito web. Se hai domande o desideri approfondimenti, contattaci. Saremo lieti di aiutarti!

www.themarkdrama.gbu.it
themarkdrama@gbu.it
www.themarkdrama.com

Appendice 2: L’esperimento di Marco in un gruppetto

La serie di studi presentata di seguito dura 13 settimane ed è progettata per l’uso in gruppetti. Molte persone trovano più facile imparare e usare il Vangelo insieme ad altri. In alternativa, ovviamente, due amici potrebbero decidere di farlo insieme.

Alcuni consigli per i leader dei gruppi

1. Lo scopo deve essere chiaro: stiamo seguendo *L’esperimento di Marco* per conoscere meglio Gesù Cristo.
2. Cerca di creare un’atmosfera rilassante, in modo che le persone possono godersi l’esperienza d’imparare a memoria il Vangelo invece di sentirsi a disagio.
3. Sarebbe utile avere un poster per ciascuna delle sei sezioni e uno per l’Introduzione di Marco (1:1-8). Il gruppo può copiare la sezione o ognuno può avere la propria copia del libro *L’esperimento di Marco*.
4. La spiegazione della struttura di ogni sezione si trova nel libro, sotto il titolo “Godersi il panorama”.
5. Si potrebbe fare una pausa fra la settima e l’ottava settimana, con l’obiettivo di rivedere la prima metà del Vangelo.
6. Per agevolare dei momenti di preghiera come gruppo, oltre a pensare alle necessità personali e pregare per la diffusione del vangelo nel mondo, si può ripassare la sezione di Marco studiata, fermandosi per riformulare ciò che si è scoperto in preghiere a Dio.
7. Sarebbe buono suggerire di andare a spasso con Marco (vedi La mia conclusione), o insieme come gruppo o in due o tre persone.
8. Prega che, seguendo insieme L’esperimento di Marco, le persone del gruppo incontrino Gesù.

Tredici settimane nel Vangelo di Marco

Prima settimana

Spiegazione dell’esperimento: presenta la struttura del Vangelo usando la Sezione due come esempio (vedi La mia introduzione).

Perché imparare il Vangelo?

Lo scopo dell’esperimento: arrivare a conoscere meglio Gesù.

Leggete l’Introduzione di Marco (1:1-8).

Usate le domande che seguono per studiare il brano:

1. Perché Marco scrisse il suo Vangelo? Di che cosa ci vuole convincere?
2. Perché Giovanni il battista è così importante in questi versetti?
3. Cosa è più rilevante nei passi di Malachia e di Isaia?
4. Qual è la cosa più importante del messaggio di Giovanni?
5. I tre brani principali dell’Antico Testamento in cui Dio promette un nuovo patto sono Geremia 31:31-34, Ezechiele 36:25-27 e Gioele 2:28-32. A quale di questi brani credi che Giovanni il battista si riferisca qui?
6. Come vorrebbe Marco che i suoi lettori si sentissero alla fine del versetto 8?

Imparate l’Introduzione di Marco come gruppo (ossia i cinque titoli).

Pregate insieme.

Seconda settimana

Chi conosce l’Introduzione di Marco a memoria?

Sezione uno (1:9-3:12)

Spiegazione della struttura

Leggete insieme la sezione

Ulteriore spiegazione della struttura

Studiate la sezione, usando le domande che seguono.

Domande relative alla Sezione uno:

1. Perché la gente è così entusiasta di Gesù in questa sezione?
2. Quali sono i motivi per la decisione dei farisei in 3:6? (Vedi 2:1-3:6)
3. Come potremmo descrivere Gesù in questa prima sezione del Vangelo? Qual è la sua priorità? Cosa ha a che fare con noi questo?
4. Il titolo di questa sezione è: Il messaggio. Quanto spesso Gesù predica il suo messaggio in questa sezione? Perché?

5. Perché Gesù fa miracoli in questa sezione?
6. Nei versetti 1:16-20 Gesù chiama i primi quattro discepoli. Come si sentivano, secondo te, alla fine della sezione, dopo aver visto e sentito così tanto?

Imparate la sezione insieme (iniziando dal Blocco B).

Incoraggia il gruppo a usare quanto imparato nella loro vita nella settimana successiva.

Pregate insieme.

Terza settimana

Sezione uno: cercate di apprenderla meglio.

Chi conosce la Sezione uno a memoria?

Ci sono domande su questa sezione?

Fate pratica nel raccontarvi l'un l'altro le storie.

Studiate alcuni degli avvenimenti più dettagliatamente (tempo permettendo).

Pregate basandovi sulla sezione, avvenimento dopo avvenimento.

Quarta settimana

Chi si ricorda ancora l'Introduzione di Marco? Chi ricorda la Sezione uno?

Sezione due (3:13-6:6)

Spiegazione della struttura

Leggete insieme la sezione

Ulteriore spiegazione della struttura

Studiate la sezione, usando le domande che seguono.

Domande relative alla Sezione due:

1. Perché Gesù chiama gli apostoli?
2. Perché i discepoli avrebbero potuto sentirsi un po' insicuri alla fine del capitolo 3?
3. Quale incoraggiamento c'è nelle quattro parabole per i discepoli insicuri?

4. I quattro miracoli mostrano che Gesù è Signore in quattro aree della vita. Quali sono? Cosa possiamo imparare da questo?
5. Come reagisce Gesù all'opposizione? Perché?

Imparate la sezione insieme (cominciando dal Blocco B).

Incoraggia il gruppo a usare quanto imparato nella loro vita nella settimana successiva.

Pregate insieme.

Quinta settimana

Sezione due: cercate di apprenderla meglio.

Chi conosce la Sezione due a memoria?

Ci sono domande su questa sezione?

Fate pratica nel raccontarvi l'un l'altro le storie.

Studiate alcuni degli avvenimenti più dettagliatamente (tempo permettendo).

Pregate basandovi sulla sezione, avvenimento dopo avvenimento.

Sesta settimana

Chi ricorda l'Introduzione di Marco? La Sezione uno? La Sezione due?

Sezione tre (6:7-8:30)

Spiegazione della struttura

Leggete insieme la sezione

Ulteriore spiegazione della struttura

Studiate la sezione, usando le domande che seguono.

Domande relative alla Sezione tre:

1. L'argomento della Sezione tre è La preparazione. Quanto spesso vediamo Gesù che forma i suoi discepoli?
2. Osserva il 'panino' di Marco in 6:7-33. Cosa ha a che fare il 'ripieno' con il 'pane'?
3. Il secondo 'panino di Marco' in questa sezione si trova in 8:14-30. Cosa ha a che fare qui il 'ripieno' con il 'pane'?

4. In 8:15 Gesù mette in guardia i discepoli sul lievito dei farisei e di Erode. Come spiega la sezione, nel suo insieme, ciò che Gesù voleva dire? Che cosa possiamo fare per prendere seriamente 8:15?
5. Pensi che Gesù trovi facile formare i suoi discepoli? Come si sente, secondo te, in 8:29?

Imparate la sezione insieme (cominciando dal Blocco B).

Incoraggia il gruppo a usare quanto imparato nella loro vita nella settimana successiva.

Pregate insieme.

Settima settimana

Sezione tre: cercate di apprenderla meglio.

Chi conosce la Sezione tre a memoria?

Ci sono domande su questa sezione?

Fate pratica nel raccontarvi l'un l'altro le storie.

Studiate alcuni degli avvenimenti più dettagliatamente (tempo permettendo).

Pregate basandovi sulla sezione, avvenimento dopo avvenimento.

Ottava settimana

Chi ricorda l'Introduzione di Marco? La Sezione uno? due? tre?

Sezione quattro (8:31-10:52)

Spiegazione della struttura

Leggete insieme la sezione

Ulteriore spiegazione della struttura

Studiate la sezione, usando le domande che seguono.

Domande relative alla Sezione quattro:

1. Perché credi che i discepoli non capiscono ciò che Gesù vuole dire quando predice la sua sofferenza, la sua morte e la sua risurrezione?
2. Perché ci sono soltanto due miracoli in questa sezione? Che cosa hanno in comune?

3. Guarda i tre errori in 9:33-50. Quale dei tre è il pericolo più grande per noi oggi?
4. Perché la trasfigurazione è stata un evento cruciale nell'esperienza di Pietro, Giacomo e Giovanni?
5. Come si comportano questi tre discepoli nel resto della sezione? Come potremmo descriverli?

Imparate la sezione insieme (cominciando dal Blocco B).

Incoraggia il gruppo a usare quanto imparato nella loro vita nella settimana successiva.

Pregate insieme.

Nona settimana

Sezione quattro: cercate di apprenderla meglio.

Chi conosce la Sezione quattro a memoria?

Ci sono domande su questa sezione?

Fate pratica nel raccontarvi l'un l'altro le storie.

Studiate alcuni degli avvenimenti più dettagliatamente (tempo permettendo).

Pregate basandovi sulla sezione, avvenimento dopo avvenimento.

Decima settimana

Chi ricorda l'Introduzione di Marco? E la Sezione uno? due? tre? quattro?

Sezione cinque (11:1-13:37)

Spiegazione della struttura

Leggete insieme la sezione

Ulteriore spiegazione della struttura

Studiate la sezione, usando le domande che seguono.

Domande relative alla Sezione cinque:

1. Come potremmo descrivere i capi religiosi in questa sezione?
2. Chi è l'eccezione nell'élite religiosa? Cosa lo rende diverso?

3. Cerca d'immaginare come si sente Gesù in 12:6-8. Come pensi che si sentono i capi religiosi nel versetto 9?
4. Osserva il 'panino di Marco' in 11:12-25. Cosa ha a che fare il 'ripieno' con il 'pane'? Che cosa cercava Gesù in Israele? Che cosa cerca in noi?
5. Pensi che ascoltare le parole di Gesù nel capitolo 13 sia stata un'esperienza positiva o negativa per Pietro, Giacomo, Giovanni e Andrea?

Imparate la sezione insieme (iniziando dal Blocco B).

Pregate insieme.

Undicesima settimana

Sezione cinque: cercate di apprenderla meglio.

Chi conosce la Sezione cinque a memoria?

Ci sono domande su questa sezione?

Fate pratica nel raccontarvi l'un l'altro le storie.

Studiate alcuni degli avvenimenti più dettagliatamente (tempo permettendo).

Pregate basandovi sulla sezione, avvenimento dopo avvenimento.

Dodicesima settimana

Chi ricorda l'Introduzione di Marco? E la Sezione uno? due? tre? quattro? cinque?

Sezione sei (14:1-16:8)

Spiegazione della struttura

Leggete insieme la sezione

Ulteriore spiegazione della struttura

Studiate la sezione, usando le domande che seguono.

Domande relative alla la Sezione sei:

1. Quali persone in questa sezione sono fedeli a Gesù? Quali no? Perché?
2. Cerca d'immaginare i sentimenti di Gesù durante ogni avvenimento della Sezione sei.

3. In quale modo l'ultima cena spiega il significato della crocifissione?
4. Osserva Gesù davanti al sinedrio e davanti a Pilato. A quali domande risponde e a quali non risponde? Perché?
5. Perché sono importanti le parole: "e a Pietro" in 16:7? Cosa possiamo imparare da questo?

Imparate la sezione insieme (iniziando dal Blocco B).

Pregate insieme.

Tredicesima settimana

Sezione sei: cercate di apprenderla meglio.

Chi conosce la Sezione sei a memoria?

Leggete insieme la Conclusione di Marco (16:9-20) e guardate i tre titoli.

Fate pratica nel raccontarvi l'un l'altro le storie.

Studiate alcuni degli avvenimenti più dettagliatamente (tempo permettendo).

Pregate basandovi sulla sezione, avvenimento dopo avvenimento.

Appendice 3: I collegamenti a specchio in ogni Blocco B

A volte questi collegamenti risultano ovvi, altre volte no. A volte puntano ad alcune similarità e altre a contrasti. Forse non sarai convinto di tutti i collegamenti che suggerisco; ho cercato di cogliere i collegamenti, secondo il mio pensiero. Sto ancora imparando!

Sezione uno, Blocco B

a e a’	Entrambi succedono durante il sabato: non incontra opposizione (a), e incontra opposizione (a’). In entrambi gli avvenimenti Gesù insegna con autorità.
b e b’	L’identità di Gesù (1:34 e 2:19).
c e c’	Perché Gesù è venuto: per predicare (1:38) e per chiamare i peccatori (2:17).
d e d’	Entrambi hanno a che fare con la relazione di Gesù con il giudaismo ufficiale: sottomissione a esso (d) e attacco da esso (d’).

Sezione due, Blocco B

a e a’	Dovunque è pronunciata la parola di Dio, ci sono reazioni diverse (4:14-20 e 5:39-40). C’è un gruppo interno e un gruppo esterno (4:11 e 5:40).
b e b’	Le cose nascoste sono manifestate (4:22 e 5:30-34).
c e c’	“La notte e il giorno” (4:27 e 5:5). Il regno cresce costantemente (c), anche il male lavora costantemente per distruggere gli esseri umani (c’).
d e d’	Piccoli inizi porteranno, un giorno, a un grande risultato. Il piccolo inizio nell’Avvenimento d’ potrebbe essere la domanda dei discepoli (4:41). Alcuni nella chiesa primitiva, invece, hanno visto nella barca un’immagine della chiesa, che è cresciuta in modo incredibile nei secoli.

Sezione tre, Blocco B

a e a’	Sono sfamate due grandi folle: una giudea (a) e una gentile (a’).
b e b’	La gente si stupisce di Gesù (6:51 e 7:37).

c e c’ Gesù può guarire per mezzo del contatto personale (6:56) o a distanza (7:29-30).

d e d’ Il confronto con i capi dei Giudei.

Sezione quattro, Blocco B

a e a’ Gesù morirà e risorgerà (9:31); i discepoli soffriranno in questa vita, ma avranno una vita eterna nell’aldilà (10:30).

b e b’ Lo status è importante per i discepoli (b) e per il giovane ricco (b’). Un altro collegamento possono essere i bambini (9:37 e 10:24).

c e c’ I discepoli cercano di evitare che qualcosa accada, ma Gesù glielo impedisce (9:39 e 10:14).

d e d’ La potenza distruttiva del peccato (d) può anche distruggere i matrimoni (d’).

Sezione cinque, Blocco B

a e a’ L’arroganza dei capi dei Giudei (a) è messa a confronto con l’offerta della vedova (a’). Tutto quello che i primi hanno da offrire sono due domande intese per distruggere Gesù; ciò che la vedova ha da offrire sono due monete intese a glorificare Dio.

b e b’ Il severo castigo in arrivo per i capi religiosi (12:9 e 12:40).

c e c’ Due domande a cui non c’è risposta, una posta dai capi dei Giudei (c) e un’altra da Gesù (c’) – ma Gesù riesce a rispondere alla loro domanda!

d e d’ Una domanda disonesta (d) e una onesta (d’). I sadducei non conoscono le Scritture (12:24), mentre il dottore della legge sì (12:32-34).

Sezione sei, Blocco B

a e a’ L’ultima cena (a) spiega la croce (a’).

b e b’ La mancanza di lealtà dei discepoli (b) è messa a confronto con la lealtà e la fermezza di Gesù.

c e c’ Gesù avverte Pietro sui pericoli della mancanza di preghiera (c); Pietro ne paga le conseguenze (c’). Gesù prega tre volte (c); Pietro cade tre volte (c’).

d e d’ La mancanza di lealtà dei discepoli (d) è di nuovo messa a confronto con la fermezza di Gesù quando sottoposto a pressione (d’).

Appendice 4:
La struttura del Vangelo di Marco

Introduzione di Marco (1:1-8)

a	Marco testimonia di Gesù (1)
b	I profeti dell'Antico Testamento testimoniano di Gesù (2-3)
c	Il battesimo di Giovanni suscita un grande interesse (4-5)
b'	Giovanni è come un profeta dell'Antico Testamento (6)
a'	Giovanni testimonia di Gesù (7-8)

Sezione uno: Il messaggio (1:9-3:12)

Blocco A (1:9-20)

Battesimo e tentazione di Gesù (9-13)
Gesù predica la buona notizia (14-15)
Gesù chiama i primi discepoli (16-20)

Blocco B (1:21-2:28)

a	1:21-28	Gesù scaccia un demonio
b	1:29-34	Gesù guarisce la suocera di Pietro e altri
c	1:35-39	Gesù annuncia che è venuto soprattutto per predicare
d	1:40-45	Gesù guarisce un lebbroso
d'	2:1-12	Gesù guarisce un paralitico
c'	2:13-17	Gesù chiama Levi e mangia con i peccatori
b'	2:18-22	Gesù annuncia una rottura radicale con il giudaismo
a'	2:23-28	Gesù, Signore del sabato

Blocco C (3:1-12)

Gesù incontra opposizione perché guarisce di sabato (1-6)
Gesù cresce in popolarità (7-12)

Sezione due: La potenza (3:13-6:6)

Blocco A (3:13-35)

Gesù sceglie i dodici apostoli (13-19)
Opposizione da parte della famiglia (20-21)
Opposizione da parte dei capi religiosi (22-30)
Opposizione da parte della famiglia, di nuovo (31-35)

Blocco B (4:1-5:43)

a	4:1-20	Parabola: Il seminatore
b	4:21-25	Parabola: La lampada
c	4:26-29	Parabola: Il seme che germoglia da sè
d	4:30-34	Parabola: Il granello di senape
d’	4:35-41	Miracolo: Gesù calma la tempesta
c’	5:1-20	Miracolo: Gesù scaccia Legione
b’	5:25-34	Miracolo: Gesù guarisce una donna
a’	5:21-43	Miracolo: Gesù risuscita la figlia di Iairo

Blocco C (6:1-6)

Opposizione della famiglia e degli amici (1-6)

Sezione tre: La preparazione (6:7-8:30)

Blocco A (6:7-33)

Gesù manda in missione i dodici (7-13)
La morte di Giovanni il battista (14-29)
I dodici ritornano da Gesù (30-33)

Blocco B (6:34-8:10)

a	6:34-44	Moltiplicazione dei pani per 5000
b	6:45-52	Gesù cammina sul mare
c	6:53-56	Gesù guarisce i malati di Gennesaret
d	7:1-13	La parola di Dio e la tradizione umana
d’	7:14-23	Cosa rende impure le persone?
c’	7:24-30	Gesù e la donna sirofenicia
b’	7:31-37	Gesù guarisce un sordomuto
a’	8:1-10	Moltiplicazione dei pani per 4000

Blocco C (8:11-30)

I farisei chiedono un segno (11-13)
La confusione dei discepoli (14-21)
Gesù guarisce un cieco in due fasi (22-26)
Pietro riconosce in Gesù il Messia (27-30)

Sezione quattro: Il costo (8:31-10:52)

Blocco A (8:31-9:29)

Primo annuncio della Passione (8:31-33)
La chiamata al discepolato (8:34-9:1)
La trasfigurazione (9:2-13)
Gesù guarisce un indemoniato (9:14-29)

Blocco B (9:30-10:31)

a	9:30-32	Secondo annuncio della Passione
b	9:33-37	"Io sono il più grande"
c	9:38-41	"Noi siamo gli unici"
d	9:42-50	"Il peccato non importa"
d'	10:1-12	Come considerare il matrimonio
c'	10:13-16	Come considerare i bambini
b'	10:17-27	Come considerare i propri beni
a'	10:28-31	Le ricompense del discepolato

Blocco C (10:32-52)

Terzo annuncio della Passione (32-34)
La richiesta di Giacomo e Giovanni (35-45)
Gesù guarisce Bartimeo, il cieco (46-52)

Sezione cinque: Il giudizio (11:1-13:37)

Blocco A (11:1-25)

Gesù entra a Gerusalemme (1-11)
Gesù maledice il fico (12-14)
Gesù scaccia i venditori dal tempio (15-19)
Gesù usa il fico per un insegnamento sulla preghiera (20-25)

Blocco B (11:27-12:44)

a	11:27-33	Dubbi sull'autorità di Gesù
b	12:1-12	Parabola dei vignaiuoli
c	12:13-17	Il tributo a Cesare
d	12:18-27	Il matrimonio alla risurrezione
d'	12:28-34	Il grande comandamento
c'	12:35-37	Una domanda sul Messia
b'	12:38-40	Avvertimento sui dottori della legge
a'	12:41-44	L'offerta della vedova

Blocco C (13:1-37)

La distruzione del tempio e la fine dei tempi (1-37)

Sezione sei: L’amore (14:1-16:8)

Blocco A (14:1-11)
Congiura contro Gesù (1-2)
L’unzione a Betania (3-9)
Congiura contro Gesù (10-11)

Blocco B (14:12-15:39)

a	14:12-26	L’ultima Pasqua
b	14:27-31	Gesù prevede il rinnegamento di Pietro
c	14:32-42	Getsemani
d	14:43-52	Arresto di Gesù
d’	14:53-65	Gesù davanti al sinedrio
c’	14:66-72	Pietro rinnega Gesù
b’	15:1-15	Gesù davanti a Pilato
a’	15:16-39	La crocifissione

Blocco C (15:40-16:8)
Le donne alla croce (15:40-41)
Il seppellimento di Gesù (15:42-47)
La risurrezione (16:1-8)

Conclusione di Marco (16:9-20)

a Il Signore risorto incontra i suoi (9-14)
b Il Signore con un mesaggio manda i suoi (15-18)
c Il Signore dall’alto regna nei suoi (19-20)

Speranza per l'Europa

66 tesi di Thomas Schirrmacher

Prefazioni di Peter Regez e Roberto Mazzeschi

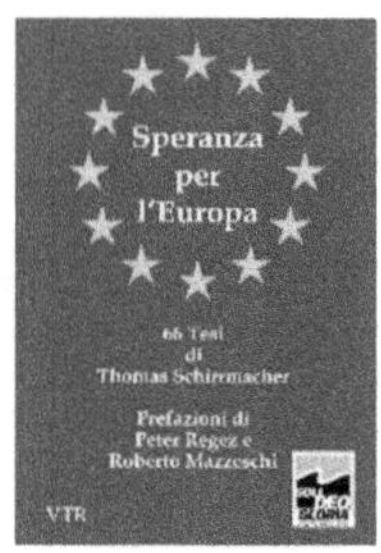

Come possiamo dimostrare il basamento biblico della nostra speranza e affermarlo di fronte sia ai credenti impegnati che ai non credenti? Come possiamo dichiarare quali siano le nostre speranze ai membri del Parlamento, agli uomini d'affari, alle madri di famiglia? Come possiamo sventolare una bandiera di speranza in un mondo che affoga nella disperazione e nel pessimismo?

Siamo quindi profondamente felici di presentare le tesi del Dott. Thomas Schirrmacher. Queste affermazioni combinano il nostro desiderio di rendere accessibile a molti, teologi e laici, il tesoro della speranza biblica, con quello di incoraggiarli a considerare la questione.

76 pp. ▪ 8,00 €
ISBN 978-3-933372-09-3

Il martire delle catacombe

Una storia dell'antica Roma

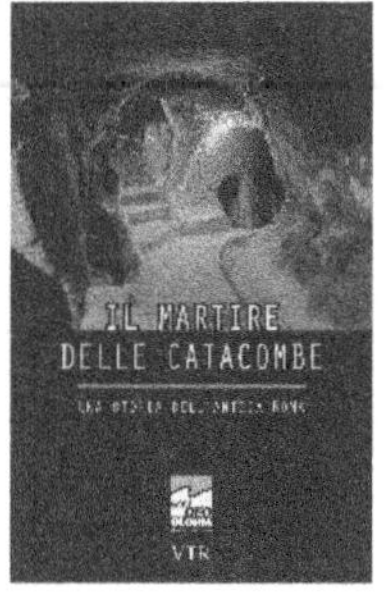

Durante un periodo buio della storia della chiesa nascente, sotto i colpi della terribile autorità di Roma, i cristiani resistono alla persecuzione di stato per amore di Gesù Cristo. Presentate in una cornice narrativa vivida e coinvolgente, queste testimonianze storiche del sacrificio dei figli di Dio e dell'impatto che esso ebbe sul mondo antico, sono fatte per arricchire e stimolare il lettore nel profondo dell'animo e della mente.

90 pp. ▪ 7,50 €
ISBN 978-3-941750-16-6

VTR ▪ Gogolstr. 33 ▪ 90475 Nürnberg ▪ Germania
http://www.vtr-online.com